【典藏】

厦　门　文　史　丛　书

厦门文史丛书

中国人民政治协商会议
福建省厦门市委员会 编

厦门名人故居

洪卜仁 主编

厦门大学出版社
XIAMEN UNIVERSITY PRESS
国家 一级 出版社
全国百佳图书出版单位

图书在版编目（CIP）数据

厦门名人故居 / 洪卜仁主编. -- 厦门：厦门大学
出版社，2007.03（2022.10 重印）
（厦门文史丛书）
ISBN 978-7-5615-2726-9

Ⅰ．①厦… Ⅱ．①洪… Ⅲ．①名人－故居－简介－厦
门市－宋代～现代 Ⅳ．①K878.2

中国版本图书馆CIP数据核字(2007)第026037号

出 版 人	郑文礼
责任编辑	薛鹏志
版式设计	鼎盛时代
技术编辑	朱 楷

出版发行　厦门大学出版社
社　　址　厦门市软件园二期望海路 39 号
邮政编码　361008
总　　机　0592-2181111　0592-2181406(传真)
营销中心　0592-2184458　0592-2181365
网　　址　http://www.xmupress.com
邮　　箱　xmup@xmupress.com
印　　刷　厦门集大印刷有限公司

开本　720 mm×1 000 mm　1/16
印张　15.5
插页　3
字数　270 千字
版次　2007 年 3 月第 1 版
印次　2022 年 10 月第 2 次印刷
定价　76.00 元

本书如有印装质量问题请直接寄承印厂调换

厦门大学出版社
微信二维码

厦门大学出版社
微博二维码

【序　言】

　　"好雨知时节，当春乃发生。"古往今来，人们总是由衷地赞美春天。因为它充满生机和憧憬，带来的不仅仅是播种的怡悦，还常常伴随着收获的希冀。

　　在万木复苏、百花盛开、姹紫嫣红、春回大地的日子里，参加厦门市政协十一届一次全会的全体新老政协委员，就是怀着一种播种与收获交织、怡悦与希冀并行的激情，迎来了2007年新春的第一份礼物。根据本届市政协主席会议的研究决定，由厦门市政协与我市文史工作者合作共同推出的"厦门文史丛书"第一方阵——《厦门名人故居》、《厦门电影百年》、《厦门史地丛谈》、《厦门音乐名家》等四种政协文史资料读物终于如期与大家见面了！

　　这无论在厦门政协文史资料发展历史上，还是在我市先进文化建设进程中，都是可圈可点、很有意义的一件喜事。为此，我首先代表厦门市政协，向直接、间接参与这套"丛书"的组织、策划、编撰、编辑、出版和宣传工作而付出辛勤劳动的有关领导、专家、学者及工作人员，向为此提供宝贵支持的社会各界和热心人，表示衷心的感谢，并致以新春佳节最美好的祝愿！

　　众所周知，文史资料历来就受到人们的重视和青睐。因为通过它，人们不仅可以自由地超越时空，便捷可靠地了解到一个区域（通常是一个城市）古往今来的进步发展情况，真实形象地感受到这里丰富多彩的文化历史现象，满足自己的求知欲和审美情趣，而且还可以发现许多具有现实意义和参考价值的吉光片羽，并从中汲取激励自己积极向上、奋发有为的养分和力量。

通过文史资料，我们知道：厦门这块热土有着丰富而厚重的历史积淀和文化内涵。迄今四五千年前的新石器时代，厦门岛上就有早期人类生活的遗迹。大概一千二三百年前的唐代中叶，中原汉族就辗转迁徙前来厦门，在岛上拓荒垦殖，繁衍生息。宋元时期，中央政府开始在厦门驻军设防。明朝初年，为了防御倭寇侵犯，在厦门设置永宁卫中、左二所，洪武二十七年（1394年）又在此兴建城堡，命名厦门城。从此，"厦门"的名字正式出现在祖国的版图上，并随着城市的进步发展、知名度的不断提高而逐渐蜚声海内外。今天的厦门，早已不是当年偏僻荒凉的海岛小渔村，而是国内外出名的经济特区、现代化国际性港口风景旅游城市。

通过文史资料，我们还知道：千百年来，依托厦门这方独特的历史舞台，勤劳勇敢、聪明善良的厦门人民，在改造自然与社会、追求进步与发展、争取生存与自由、向往幸福与独立的伟大进程中，谱写了一曲曲感天动地的赞歌，创造了一个个令人惊叹的奇迹，同时也涌现了一批批彪炳青史的俊彦。如以厦门为基地，在当地子弟兵的支持下，民族英雄郑成功完成了跨海东征，收复台湾的辉煌壮举；在其前后，有发明创造"水运仪象台"，被誉为"中国古代和中世纪最伟大的博物学家、科学家之一"的苏颂；有忠勇爱民，抗击外敌，不惜以死殉国的抗英爱国将领陈化成；有爱国爱乡，倾资办学，不愧为"华侨旗帜，民族光辉"的著名侨领陈嘉庚；有国家领导人方毅、叶飞，一代名医林巧稚、著名科学家卢嘉锡，等等。他们的传奇人生、奋斗业绩所折射出的革命传统、斗争精神、民族气节、高尚情操和优秀秉性，经过后人总结升华并赋予时代精神，已成为厦门人民弥足珍惜、继承光大的精神财富，正激励着一代代的厦门儿女为建设小康社会而奋斗！

春风化雨，任重道远。通过文史资料，我们更是知道：改革开放以来，在中国共产党的正确领导下，依靠广大人民群众的聪明才智，在短短的二十多年里，我们的家乡厦门发生了翻天覆地的巨变。这种代表先进生产力的发展要求，代表先进文化的前进方向，代表广大人民群众根本利益的历史性巨变，不仅体现在城市建设、经济发展、生活改善、社会进步等方面，还突出表现在广大人民群众思想观念、道德情操、精神面貌、文明素质等方面所发生的深刻变化。

追根溯源，可以明志兴业。利用人民政协社会联系面广、专业人才荟萃、智力资源集中的优势，通过编撰出版地方文史资料，充分发挥政协文史资料"团结、育人、存史、资政"的功能，这本身就是人民政协履行职能的重要方式之一。值此四种文史资料的诞生，象征丛书的滥觞起，在充分肯定厦门发生的历史巨变而倍感自豪的同时，我们要一如既往地认真学习贯彻中共中央总书记胡锦涛在视察福建、厦门海沧台商投资区的重要讲话精神，学习贯彻中共中央政治局常委、全国政协主席贾庆林在纪念厦门经济特区25周年大会上的重要讲话精神，在致力于厦门经济特区经济建设、政治建设、社会建设的同时，从加强特区先进文化建设的高度，进一步加强政协文史工作，充分发挥政协文史资料的功能，以"厦门文史丛书"的启动为契机，严肃认真、兢兢业业地继续做好这项有意义的工作，以不负时代的重托。

我相信，有我市各级政协组织和委员、政协各参加单位的重视参与，有社会各界的支持帮助，有多年来积累的成功经验和有效做法，特别是有一支经受考验锻炼，与海内外各界联系广泛、治学严谨的地方文史专家队伍，只要我们认准目标，锲而不舍，与气势如虹的我市新一轮跨越式发展相称，与方兴未艾的海峡西岸经济区建设呼应，作为一项"功在当代，利在千秋"的重要事业，我市政协文史资料工作一定会取得长足进步，推出更多精品，发挥更大的作用！

城市历史文化，从来是反映城市前进发展中经验与教训的真实记录，是人们在改造自然与社会、创造"三个文明"的历史进程中所留下的重要印记、所提炼的不朽灵魂。以履行政协职能为宗旨，以政协编辑出版的地方文史资料为载体，通过有选择、有重点地记录、反映一座城市（或者相关的一个区域）的历史文化，自觉为建设中国特色社会主义服务，为科学发展服务，为构建和谐文化、和谐社会服务，为祖国统一大业服务，为中华民族的伟大复兴服务。这正是政协文史工作及其相关的文史资料的长处和作用，也是它区别于一般地方文史资料最重要的特色和优势。

也正是基于这种考虑和共识，在厦门市政协党组的高度重视和倾力支持下，市政协文史和学习宣传委员会认真总结近年来编纂出版地方政协文史资料的成功经验，在市委、市政府有关部门，我市有关社会机构和各界人士的帮助下，组织了我市一批有眼光、有经验、有热情、有学识的地方文史专家和专业工作者，经过深思熟虑，反复论证，决定与国家"十一五"计划同步，从2006年起，采取"量力而行，每年数册"的方针，利用数年时间，出齐一套大型地方历史文献"厦门文史丛书"。

编辑出版这套"丛书"的目的是，本着"古为今用"的原则，在批判继承前人的基础上，努力挖掘、整理、利用厦门地方历史文化渊薮中有益、有用、健康、进步的或者具有借鉴、警示意义的文史资料，直接为现实服务：为地方历史文物的保护工作服务，为地方文史资料的大众普及和学术研究工作服务，为发挥政协文史资料"团结、育人、存史、资政"的作用服务，为人民政协事业服务，为统一战线工作服务；为遍布海内外，通过寻根问祖，关心了解祖国和家乡过去、现在、将来的厦门籍乡亲服务；为主张两岸交流，反对"台独"阴谋、认同"一个中国"，心系祖国统一大业的炎黄子孙服务；为提高人民群众，尤其是青少年的科学文化素质、道德文明修养，培养"四有"公民，建设学习型、创新型社会，推动厦门经济特区建设实现"更好更快"发展的新目标提供方向保证、智力支持和精神动力服务。

编辑出版这套"丛书"的方针是，不求全责备，面面俱到，只求真实准确，形象生动。即经过文史专家的爬梳剔抉、斟酌考证，尽量选取第一手的"原生态"史料，从本市及其邻近相关区域中所传承积淀下来的文化历史切入，以厦门市为重心，适当延伸至闽南地区，以近现代为主、当代为辅，以厦门城市发展进程中具有典型性、代表性的人物事件为对象，通过"由近及远，由表及里，标本兼顾，源流并述"的方式，尽可能采取可读性强的写法，并辅之以说明问题的历史照片或画面，进行客观而传神的艺术再现。

我在本文的开头特别提到，春天是充满希望与憧憬的时节。反复揣摩案头上还散发着阵阵醉人的油墨芳香近日问世的四种政协文史资料读物，欣喜之余，我想到，虽然这仅仅只是成功的开篇，今后几年里厦门政协文史工作要取得预期的成果，顺利出齐"厦门文史丛书"全部读物的任务还相当繁重，但我坚信，只要我们坚持人民政协"团结、民主"的主题，相信和依靠大家的智慧力量，始终秉持春天一样的热情与锐气，始终把希望和憧憬作为自己前进的目标、动力，一如既往地追求奋斗，我们的事业将永远充满阳光、和谐！

是为序。

陈修茂

（作者系厦门市政协党组书记、主席）

2007年2月28日

【前　言】

　　厦门的历史，从有文字记载算起，可追溯到西晋太康年间。1700年的悠悠岁月，留下深厚的历史积淀与遍布四方的人文史迹，使厦门成为一座闻名遐尔的历史文化名城。

　　历史名城不乏历史名人。厦门独具特色的海洋文化，孕育和造就了一大批名留史册的历史人物，他们或以贤德辅政，或以文学传世，或以武功成名，或以技艺济世，在自己有限的生命中，创造了令后人景仰的辉煌与荣耀，成为后人宣传爱国主义和弘扬民族传统的宝贵教材。

　　2004年，福建省政协根据全国政协编写、出版各省、自治区、直辖市名人故居资料专集确定的宗旨，编辑、出版了《福建名人故居》一书（上、下册）。该书的厦门部分，收入厦门名人故居31处，但仍有相当一部分尚未入编入为弥补这一缺憾，厦门市政协发起和组织了编写《厦门名人故居》的工作。这项工作得到我市文史界人士和有关部门的大力支持，终于得以在政协第十一届厦门市委员会第一次会议召开之际付梓。

　　在这里，我们要感谢为完成这样一件有意义工作而辛勤劳动的同志。对于本书诸多不足之处，希望能得到广大读者的批评指正。

编　者

2007年2月28日

目　录

苏颂故居

苏颂（1020—1101），字子容，厦门同安县人，中国古代著名科学家。北宋庆历二年（1042年）进士，为官近55年，经仁宗、英宗、神宗、哲宗、徽宗五朝，历任集贤殿校理、刑部尚书、吏部尚书、尚书右仆射兼中书侍郎，以太子少师致仕，死后赠司空，追封魏国公，南宋理宗皇帝赐号正简。苏颂为官清廉，勤政爱民，兴利除弊，处事精审。朱熹称赞他"道德博闻，号称贤相，立朝一节，始终不亏"。

现代所绘苏颂像

北宋嘉祐五年（1060年），苏颂完成《嘉祐补注神农本草》的编校工作，此书集宋朝之前药典之大成，载药达1082种。他编著的《本草图经》，是我国上承隋唐下至元明的药物学巨著，也是流传至今最早的附图本草药书，为明代李时珍《本草纲目》等著作提供了珍贵资料。苏颂最突出的成就是在元祐三年（1088年）主持研制了集天体观测、天象演示、报时的天文仪器——水运仪象台。他撰写的《新仪象法要》是水运仪象台的构造说明书。全书以图为主，附有说明，是世界上最早、最完整、最系统的机械图纸。根据这一图纸，现代科学家才复制出水运仪象台。此外，该书所绘星数比300多年后西欧人所绘的星数还多442颗。后人辑录其诗文为《苏魏公文集》，共收录

苏颂发明的水运仪像台局部

苏颂所作的诗587首。因此，苏颂是集科学家、政治家、文学家于一身的古代先哲。科技史专家英国李约瑟博士称他是"中国古代和中世纪最伟大的博物学家和科学家之一"。晚年苏颂定居江苏镇江，终年82岁，葬于镇江丹徒五州山。

苏颂故居芦山堂位于厦门同安区大同街道洗墨池路23号，是苏氏芦山派入闽始祖苏益之子苏光诲于五代后晋开运年间（944—946）始建的府第，系入闽苏氏芦山派的发源地。芦山堂因建筑物后有葫芦山而得名。宋天禧四年（1020年），苏颂诞生于此，10岁随父入都。其子苏携于宋靖康年间（1126—1127）归居于此。芦山堂至南宋绍兴二十二年（1152年）之前倒塌，但宅基犹存。此后到元至大元年（1308年）之前，府第改建成苏氏祠堂。至大年间（1308—1311）被焚毁，清康熙五十二年（1713年）仍未修复。乾隆至道光年间（1736—1850）宅祠荒毁，清末于原址重新修建。民国时期再次重修重建。1949年前后成为小学校舍。"文革"期间后落被拆除。1988年9月被同安县人民政府公布为县级文物保护单位并予以重修，同时重建后落，塑苏颂雕像。1991年被福建省人民政府公布为省级文物保护单位。2001年，厦门市人民政府将其公布为厦门涉台文物古迹。

今芦山堂右侧是区委党校，左侧和后侧是民居。前有面积达数百平方米的广场，立有省、县级文物保护单位的保护碑以及厦门涉台文物古迹保护碑。广场前原有芦山堂始建时挖建的洗马池，长60丈，宽25丈，深1丈。相传苏颂童年时在芦山堂读书，常到池内洗笔墨。苏颂任宰相后，同安父老乡

苏颂祠堂

亲为纪念他，乃将该池称为"洗墨池"。可惜在20世纪90年代该池被填平建成楼房。

芦山堂坐东南朝西北，现存建筑是一座三落双护厝砖石木结构传统建筑，总面阔26.95米，进深36.76米，建筑面积990平方米。中轴线由东南到西北依次为前落、天井、顶落、天井、后落。中轴线东、西两侧为以过水廊相连接的护厝，是一幢较为完整的建筑物。

芦山堂建筑屋顶多为硬山顶，但前落、后落中间是双曲燕尾脊屋顶，护厝为马鞍脊屋顶。前落正面檐墙的墙裙使用闽南建筑常

苏颂故居正厅

苏颂故居外观

用整块花岗岩，厚重、结实并使墙身装饰更加丰富多彩。其他部分墙体均为红色的空斗砖砌成。前落的屋脊上以泥塑、交趾陶等堆贴、剪贴成动物、花卉等图案装饰，是闽南建筑的特色风格。芦山堂建筑以木雕见长，堂内无论梁、枋、斗拱、雀替、垂柱等木雕都博取动物、花卉等造型，采用透雕、圆雕、浮雕等多种艺术形式精雕细刻，并施以彩绘，具有较高的艺术价值。尤其是前落和顶落建筑保留清代和民国建筑风格，木雕更加精美。

芦山堂主体建筑面阔三间，计12.3米。前落檐廊上建有中间的正门和两个边门。厚重的门扇上绘门神等图案。门前有两只清代的青斗石狮，栩栩如生，工艺精湛。门额悬挂由中国著名数学家苏步青所题写"苏氏大宗"四字楷书匾额，檐廊两侧的廊墙上是清代制作的人物骑虎泥塑。墙上两侧各有一扇方形石窗，中间为圆形的透雕花卉。其中一扇是清代原物，另一扇是1988年重新制作的。

前落的门厅是接待客人的地方，进深为两间。两侧的两个房间，住着芦山堂的管理人员。为了保护文物，这里由苏氏后代自发成立了管理委员会，负责日常管理。天井铺设着长条形大块花岗岩石板，两侧的廊庑，陈列着各级领导、海内外苏氏后代参观芦山堂或寻根访祖的相片资料。

顶落的正厅是苏氏后裔祭拜祖先的祠堂，海内外的苏氏宗亲时常在这里举办纪念苏颂的活动。厅的地面铺设红砖，面阔三间，进深四间，插梁式结构（抬梁、穿斗混合结构）。梁架等木结构在20世纪80年代维修时重施彩绘。厅前方的枋额上悬挂"正简流芳"匾，是近年苏颂后裔所制。厅内立有入闽始祖苏益像，供桌上摆放各类祭祀用品。两边墙上悬挂包括苏颂在内的苏氏历代祖宗画像及简历。柱础为清代原物，有八角形、圆形等形状，上雕有动物、花卉等纹饰，显得十分古朴。

从厅的前方走廊两侧出门就是左右护厝。两侧护厝各面阔十间，进深三间。护厝狭长的天井与后进的天井连成一片，形成"U"字形，通透宽敞。护厝墙的下部以红砖砌成，往上则是漆成红色的木板墙。护厝的天井有通往广场的门，方便进出。

后落已毁圮，1988年重建为苏颂祠堂，是仿古建筑。祠堂建于基座之上，正厅前为通透的红色木栅栏，厅内的抬梁式梁架也进行雕刻、彩绘等仿古制作。厅面阔三间，进深两间，立有近年所塑的苏颂雕像。祠堂两侧是混凝土结构的厢房，各有两间，作为芦山堂管委会办公室。

□文·图/谢明俊

陈健故居

　　陈健（1491—1561），字时乾，以号"沧江"闻名，同安县翔风里十七都阳田保阳宅（今属金门县）人。15岁入县学，24岁中秀才，明正德十四年（1519年）中举人，嘉靖五年（1526年）同安唯一的进士。初授刑部主事，执法公正，不阿上意。升江西南安郡知府（今江西大余），主修《南安志》。调任广东廉州知府（今广西合浦），教峒民耕织，设团练防倭，兴学校育人。再调广西南宁知府，为政惟勤，抚绥不因循。因历任南疆三郡知府，故人称"三郡知府"，嘉靖二十一年（1542年）有司为其竖立石牌坊也以"岳伯"为名（1982年公布为县级文物保护单位）。陈健生性耿直，不善逢迎上司，反被中伤罢官，归田课子。后再被起用，升至刑部郎中。

　　陈健居乡期间，热心公益。嘉靖二十三年（1544年）捐筑同安莲花澳内"沧江坝"，灌溉山田百余顷。又筑澳岭至小坪、澳溪至杜地石道二十多里，民赖其便。还捐资重建金门祖祠"五恒堂"和"永思堂"，倡修同安城内"南院陈太傅祠"（该祠1997年11月重修落成庆典，时任台北市市长的陈水扁赠送"崇德思源"匾额祝贺）。其墓在后萧鹤山之南（今属同安区五显镇），也于1982年列为县级文物保护单位，2001年被列为厦门市涉台文物古迹。

　　陈健故居位于同安区大同街道田洋行政村前宅自然村，明代嘉靖年间陈健创建。与此同时，又在官田为其妹创建"西园院"，供其诵经礼佛。嘉靖中后期，倭寇时常窜犯同安，"官府传舍悉为灰烬"，陈健屡遭抢劫，只好迁居城内。他在北门内营建三进双护厝大厝一座，名为"诰命堂"，可惜于20世纪60年代被拆除建为粮店，现在虽然又改建为商品房，但群众还记得"沧江粮店"这个地名。现存前宅陈健的故居，坐北朝南，总占地面积3000多平方米，通面宽64米，总进深（包括门埕）46米，原设计为三进三护厝，计有99间厅房，故有"99间"之称，但最终护厝部分没有全部落成。这个村子原本住有颜、王、江、陈等姓村民，而陈氏并非大姓，只因陈健为四品官员，才能获得这片地皮。东侧的护厝地基已经打好，但被村民修盖了"仁泽宫"，只好建了两列护厝。西侧的三列护厝地只盖了一列完整的护厝，其他两列都只建一半，因为前面被姓颜的村民盖了一座祠堂，由此可以看出陈健生平处处与人为善的生活作风。

陈健故居外墙下端砌以磨光的"泉州白"石条，1.37米高以上的墙壁封贴红砖，深井铺以花砖。一进外墙正立面有五个石砌方窗，均用石料榫卯拼接。窗框内有五条用青石板制成的直立窗棂，可以用手拨转，便于调节采光和空气流通，是明代民居建筑的"百叶窗"。左侧护厝一口古井

建于明嘉靖年间的陈健故居

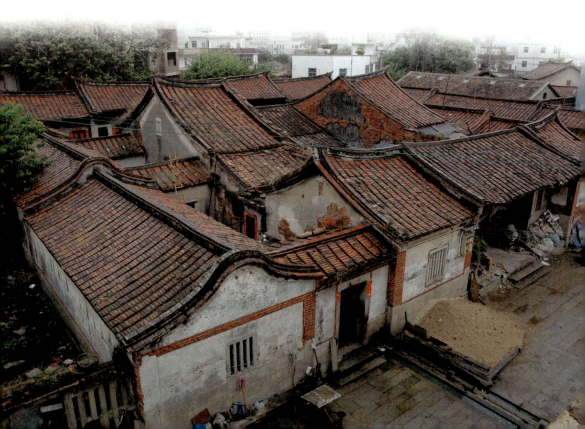

叫"大某井"（即大老婆使用的水井），上置八角型石井栏。夏天井水冰凉，家人把鲜肉搁在竹篮里用麻绳放到井底，可以起到保鲜作用，因而陈家的人常常在夏天请客人吃"冻肉"。右侧护厝也有一口水井，上置四角型石井栏，叫"小姨井"，大概是小老婆饮用的水井。根据《浯阳陈氏家谱》记载，陈健有原配夫人宋氏（诰封宜人）和庶配张氏，可见"大某井"和"小某井"有谱可稽。这座明代古建筑规模宏大，用材讲究，据说石板、红砖、杉木等建筑材料都是从泉州、漳州等地采购，用船只装载沿西溪运到"99间"大厝前的"坝仔窟"。非官宦商家，一般人难于建造这样的大厝。

历经四百多年的沧桑，这座古老的大厝虽然保留着当年的风韵，但已是百孔千疮，西风瘦马。二进厅堂被火焚毁多年，至今也没有修复，房子的主人也早已易姓，其中蕴藏着许多"创业难，守业更难"的故事。

民间相传，"99间"大厝建成后，陈家出了个"鲈鳗东舍"，他是附近东庄潭的"鲈鳗精"出世，是个只会吃喝玩乐的花花公子。他每天出门要弄破三个大缸，回家时也要弄破三个大缸，叫作"敲钟擂鼓"。碎陶片把门口的池塘都填满了。他家的银子多，叫人把银元锤弯，在池塘边掷银元，那白色的银元贴着水面飞跃，后面留下一条长长的浪花，"鲈鳗东舍"一帮酒肉朋友便哈哈大声。在纵笑中，"鲈鳗东舍"把祖厝卖给了卢姓人家，自己不思长进，反而埋怨风水不佳，祖宗不灵，于是一把火烧塌了祖厅的屋顶。透过那被大火熏黑的山墙，引起人们无穷的遐思："自古纨绔少伟男"、"成由勤俭败由奢"，子孙不贤，坐吃山空，再大的家业，有朝一日总会"忽喇喇似大厦倾"！

陈健故居的石窗棂

陈健故居的家用水井

□文/颜立水　图/张昭春

洪朝选故居

　　洪朝选（1516—1582），字汝尹，又字舜臣，号芳洲，同安县翔风里十三都洪厝村（今属翔安区新店镇）人，明嘉靖二十年（1514年）进士，累官至刑部左侍郎署尚书事，故民间称"洪侍郎"。

　　洪朝选入仕后历任户部主事、郎中、吏部郎中、四川按察副使、广西右参政、山西左参政、太仆寺少卿、都察院右佥都御史、右副都御史等职。

　　隆庆三年（1569年），辽王案起，朝选奉命赴襄阳勘办，不附权相张居正坐以"谋反"私意，严词拒绝在相党锻炼成狱的成案上签字，据实勘查，以"淫虐有实，谋反无据"复命。因此得罪张居正，张氏借考核机会把朝选罢官归籍。不久又唆使闽抚劳堪，勾结同安知县金枝等人罗织罪名，于万历九年（1581年）岁暮之日将洪朝选逮捕，翌年正月二十四日被害，惨死于福州狱中，是为明代一大冤案。万历二十二年（1594年）洪朝选冤案彻底平反，神宗皇帝遣福建省布政使司左参议余懋中到其墓前祭葬，嘉其"抚雄镇而随任有声，握大狱而持法不挠"。其墓原在翔风里十都东园，1965年被毁，族人保藏其骸骨及部分墓构件，1992年由台胞洪福增等人倡建于刺柏山，现已列为县级文物保护单位。

　　洪朝选善为文，所作类其人，有"芳洲气节"之誉。著有《芳洲摘稿》、《归田稿》、《续归田稿》、《读礼稿》等。

　　洪朝选故居在翔安区新店镇洪厝村中，为二进式砖木建筑，燕尾式硬山布瓦顶，面宽12米，进深20米。故居建于明嘉靖年间，20世纪50年初前

落圮塌，1976年依原基址修建前落。后落因木作蛀蚀，三合土墙体破裂，故又更换中梁，重砌山墙，但厅堂穿斗式木作以及石碡、柱珠仍然保留。故居门前原有两株六米多高的铁树，相传为洪朝选自广东随轿运回家乡栽种故居庭前。至今故居厅堂有一副古楹联："堂坐金钩呈瑞气，庭栽铁树蔼祥光。"是为铁树传说之佐证。可惜因保护不力，两株铁树于1986年枯萎，随后又于原址栽种一株铁树。这种铁树乌褐浑圆的树干，突兀挺拔；墨绿色的针状树叶，坚如钢刺，正是洪朝选"性刚介"、"不能容人过失"人格的象征。而原本栽种铁树的地方，相传是洪朝选母亲叶氏临盆前腹痛坐歇之处。所以洪朝选于此植树，既是对自己农历八月二十九日生日的纪念，也是对母亲生他"母难日"的铭记。

　　洪朝选故居在今天看来非常简陋，但那些嵌在明代山墙的红砖，却烙印着洪朝选晚年的生活足迹。自隆庆三年至万历十年（即1569—1582年）这段时间内，洪朝选住在这幢房子，过着"半作田家半作儒，荷锄把卷亦何拘"的田园生活。他自己参加过一些稼穑劳动，写出了《庚辰岁（万历八年，即1580年）于田家获稻作》的悯农诗："我本农家子，衣食赖田桑。春来固肆耕，秋至亦筑场。数口幸免饥，敢求簠与梁。"看到农民深受倭寇、旱灾的双重苦难，闽地到处是"纷纷枯骨迷人眼，惨惨悲风带

始建于明嘉靖年间的洪朝选故居

哭声"的荒凉景象，他草拟《代本县上救荒事宜》书，建议有司采取"发官粟，出私粟，招商移民"等措施，解民倒悬之苦。在那些"四野田园龟裂背，千畦黍稻火烧蓬"的苦旱日子里，他和老百姓天天盼望天降甘霖，"安得瓦沟内，滂沱如注悬"。当他听到雨声时，则欣然命笔，疾作"喜雨"诗："淅沥初从北，纷披遂向东。令乖非雷失，泽降是玄功。麦陇全资润，禾田已酿丰。欣逢春际近，喜雨报三农。"充分体现他的民本思想。

洪朝选故居也是当地名菜"番薯粉粿"的发明地。民间历代相传，洪朝选中进士后，初授南京刑部主事。奉命赴任之时，家乡正好准备过三月节，母亲叶氏留他"吃三月节"才走。可君命不敢违，洪朝选打点行装即刻启程，母亲挽留不得。匆忙从灶头上抓了一把地瓜粉条，配上一些猪油、葱花、文昌鱼、海蛎等海边现成的佐料，煮了一海碗香喷喷的地瓜粉粿，洪朝选吃完马上赶路。后来洪朝选当了刑部侍郎，有一年回家省亲，村民备下丰盛宴席款待洪大人。但洪大人始终留着肚子等待那道"番薯粉粿"，可菜单上压根儿就没有这道"粗菜"，好在厨师"巧手能煮千家饭"，不一会儿就端上了一碗柔软香甜的"番薯粉粿"。洪朝选边吃边赞："还是番薯粉粿好吃，还是番薯粉粿好吃！"打那以后，"洪厝番薯粉粿"闻名遐迩，而且作为宴请客人的第一道菜。相沿成习，至今海外洪氏族人也流传着这道家乡菜。

□文/颜立水　图/白桦

蔡献臣故居

蔡献臣（1563—1641），字体国，号虚台，以直言敢谏著称，故别号直心居士，同安翔风平林（今金门）人。他10岁随父在任所，19岁娶嘉禾里池浴德之女为妻。万历十七年（1589年）与金门同乡蔡懋贤、蒋孟育、陈基虞、黄华秀为同榜进士，人称"五桂联芳"，并与蔡复一、许獬、卢若腾合称"金门四秀"。蔡献臣进入仕途后，初授刑部主事，后迁礼部主客郎中，又迁湖广按察使。任上被礼部尚书右宗伯以"楚藩案"（即辽王朱宪㸅谋反案）参劾罢归。

同安东山村的蔡献臣故居

蔡献臣原住浯洲平林里（今金门琼林），为避倭寇骚扰，举家内迁同安城内。父逝后，携母住同安城南别业望洋庵，并游端平山（今属同安区新民镇禾山村）作《游端平山记》。张居正罢相后，被起用浙江巡海道，改领提学道，善于选拔士子，奖掖后进，浙人为立生祠。天启间，召为南京光禄寺少卿，但又遭

蔡献臣故居的前落建筑完整地保留着明代的石木结构

蔡献臣故居后落建筑已辟为蔡氏宗祠

宦官构陷，再次遭罢。

蔡献臣归田后，对地方公益事业奉献良多。不但捐资倡修三秀雪山岩、马巷通利庙、香山岩僧舍，还倡修和尚桥、西安桥、重筑海半埭，并应县令李春开之聘，编纂《同安县志》。个人专著有《青百堂稿》、《四书讲义》、《仕学潜学讲义》、《笔记》等。蔡献臣逝世的第二年，朝廷追赠光禄寺常卿，晋赠刑部右侍郎，墓在同安县南前街后山，2006年6月列为同安区文物保护单位。

其父贵易任官后，在金门故里原建有一座官舍，人称"官衙"。嘉靖三十九年（1560年）四月十三日遭倭寇焚毁。献臣移居同安时，先是购置东山草堂和城南别业望洋庵，出任后，又在同安县城南门外构建"怡园别墅"，池种荷花，地植果树，池北筑"一鉴轩"，还有读书楼。据说"怡园"以后给亲家陈氏（长媳父亲）承管，清末为孝廉陈贻焜改建。以上的建筑物都已不存，仅有东山后亭蔡献臣及其子谦光、甘光居住的故居，但也已经作为蔡氏祠堂。

这座故居在同安区大同街东山村后亭自然林，坐东北朝西南，二进砖木建筑，悬山布瓦顶，总面宽14.2米，总进深22.6米。前进深4米，面阔三间，中为凹形门廊，两侧厢房。后进深10米，连接前后两进廊道屋顶已塌。前后两进落差一米，各有五级石台阶，门口有长方形鱼池长14米，宽30米，引隘头圳水注入池中。

后进于1998年翻修，前进保留明代建筑物体，但大门两尊石狮已失，墙体及木作也多处剥落。

□文/颜立水 图/陈娜

叶成章故居

　　叶成章（1573—1641），字国文，号段初，又号慕同，万历元年（1573年）八月初八日出生于同安县感化里南洋保路下村（今属汀溪镇），为佛岭十九世。他出身贫寒，天资聪颖，9岁游泮，万历四十年（1612年）中式四十二名举人，万历四十七年（1619年）进士及第。初任南京苏州长洲令。据说初入仕途，漫不省事，因而有"叶木头"之称。但他执法如山，"取其奸之尤者重创之"，因而甚得民心。崇祯元年（1628年）升都御史巡视西域，翌年巡按宣大兼理学政，陈边防十策，上嘉纳褒赐。继而巡按江西。崇祯四年（1631年）升大都院，越岁巡按江南直江北八府三州都督学院，聘请名绅讲解圣学，捐赎锾以赈灾民，境内肃然，民服其无私。崇祯十一年（1638年）擢大理寺左丞，署正卿事，以执法严峻得罪权臣，被削职归籍二载。后来虽复议召用，但他已谢世。

　　叶成章"性严毅"，任上革陋政，节官费，绝包揽，简狱讼，尝有言曰："吾智不能敏给，而持之以慎；才不能挥霍，而积之以勤。"其勤政廉洁，由此可见。叶成章卒于崇祯十四年（1641年）一月初一日，清顺治六年（1649年）与夫人马氏合葬于感化里娘妈巷龙潭山，著有《柱下奏疏》、《宣云奏疏》、《宣云书钞》、《敬鑀录》、《矜疑录》、《檄文》等书。

　　叶成章的故居在现在的同安区汀溪镇路下村新厝社，明代万历年间始建，三进砖木穿斗式结构，悬山布瓦顶，坐坤向艮兼申寅（坐西南向东北），南侧有护厝，总面宽23.2米，总进深35.4米，占地面积500平方米。

前进于康熙年间典与另一房柱族人，1971年进行维修，其他建筑物仍保持明代建筑风格。现在故居前面尚有旗杆石和月眉池，主体建筑经久失修，部分木作腐朽严重，亟待修葺。

叶成章是明末显宦，他的事迹《八十九种明代传记综合引得》、《近三百年人物年谱知见录》、《明人传记资料索引》等书都有收录。

叶成章是从贫穷山村走进京城的农家子弟，当地至今还流转一则"叶成章拜寿"的故事。

叶成章与郭山刘厝（今属洪塘镇）马大户千金缔结秦晋。叶家虽寒，但夫妻男耕女织，相敬如宾，日子倒也过得顺心。某年三月，马大户六十寿辰，亲朋好友备礼祝贺。叶成章虽然手头拮据，但也勉强凑足二十个铜钱为岳父拜寿。叶成章换上新布衣，带上新布鞋，夫妻俩兴冲冲赶往岳父家"吃寿酒"。当他们步行到陈村王公宫时，这里离刘家只有一里路，便

在宫前休息，顺便整理衣冠。叶成章来时是赤脚赶路，这时便提着新布鞋到宫前池塘洗脚，准备穿上新鞋走进岳父家门。当他在池边弯腰搓脚时，挂在左臂上的那串铜钱一骨碌掉入池塘里。池水蓝蓝，叶成章借用宫里的竹竿也打捞不着。眼看时辰已到，夫妻俩悻悻离开池塘来到马府。马大户看到女儿、女婿空手回来拜寿，心中已有几分不悦。夫妻怀着愧疚的心情，祝福岳父大人"寿比南山，福如东海"，也乘机把路上失落铜钱的事陈述一番。马大户没好气地说："丢就丢了，说它何用！去'灶脚'（厨房）吃饭吧！"从前大户人家，只有佣人才在"灶脚"吃饭。叶成章坐不上宴席，又受此奚落，简直无地自容。夫人见娘家如此羞辱丈夫，顿时火冒三丈，拉着丈夫的手立刻回家。出门时还操起菜刀猛砍大门门槛一刀，并发誓说："除非娘家无门槛，否则我永不回娘家！"

打那"拜寿"之后，叶成章更加发愤读书。"黄天不负苦心人"，万历四十七年（1619年），他终于考中进士，后来还做到大理寺丞的官。有一次，他回乡省亲，记起从前在公宫前丢铜钱的事，便派人抽干池水，终于找到当年滑落的二十个铜钱让人送到岳父面前，证实当时丢铜钱之事并非说谎。岳父既惭愧又后悔，亲自登门表示歉意，还说自家门槛已经封上竹板（表示没有门槛），欢迎女婿、女儿回家做客。翁婿捐弃前嫌，和好如初。

同安佛岭叶氏大宗祠有他的神像，同时还有两副颂扬他历宦政绩的楹联，其一是："三宴清廉名宦乡贤昭祀典，七升要秩文章经学振家声。"其二是："启祯七任要秩点以理卿还以都院，庆历三宴清廉始为名宦终为乡贤。"叶成章居官清廉，爱民如子。有一年回乡省亲，乘轿前往前格化渡院参香。山路崎岖，轿夫气喘如牛，他便下轿与轿夫同行，一路谈笑风生，没有"大人"的架子。事后老百姓便把叶御史走过的前格岭改名为"御史岭"，他的亲民作风也就永远留在民众的口碑中。叶成章的故居简陋，墓葬连石碑都没有。据说他与元配马氏生有四子，都是生员。清顺治五年（1648年）八月二十六日，清兵攻陷同安城，屠杀军民5万多人。叶成章四个儿子参加护城抗清，都在屠城中殉难，而叶成章夫妇灵柩也尚未安葬。乱世时代，官家不得安宁，更何况百姓！

□文/颜立水 图/张昭春

蔡复一故居

明兵部尚书蔡复一遗像

蔡复一（1577—1625），字敬夫，号元履，同安县翔风里十七都刘浦保蔡厝（今属金门县）人。自幼聪颖，12岁作《范蠡传》万余言，明万历二十二年（1594年）中举人，越岁连捷第七名进士。初授刑部主事，历任员外郎，迁湖广参政。光宗继位后，被起用为易州兵备。因救辽阳有功，升为山西左布政使，在七个月内解决边粮紧缺问题，被委任右副都御史抚治郧阳。

天启五年（1625年），贵州苗酋奢崇明、安邦彦起兵反叛，贵州巡抚王三善战死，蔡复一奉命任兵部右侍郎巡抚贵州，不久又取代杨述申总督贵州、云南、湖广军务，兼巡抚贵州，赐尚方剑，便宜行事。蔡复一殚精王事，苦心运筹，歼敌近万，克地数十百里。因不毛之地，瘴疫流行，同年十月，患疟痢卒于平越军中。熹宗皇帝嘉其忠勤，赠兵部尚书，赐葬，谥清宪。夫人李氏间关万里，扶柩归葬南（安）同（安）交界处的小盈岭大房山（今属翔安区内厝镇）。

蔡复一文武全才，明代史学家何乔远称其"学博才高，下笔千言，兼工四六"。有《遁庵文集》、《督黔疏草》、《雪诗编》、《诗集》、《骈语》等著作。

民国《同安县志》卷八记载："经略蔡复一宅，

在城内北镇宫旁，中有贞素堂。"位于现大同街道环城北路南侧一百米处，他在金门山兜村的故宅已废，今仅存基址。

蔡复一故宅坐北朝南，硬山布瓦顶砖木结构。底层面阔五间19米，进深三间共11.2米，通高9.5米。上层进深9米，抬梁结构，有卷棚顶廊道，额枋及中梁施以彩绘。原来的建筑物因长期受工厂污水、浊气侵蚀，立柱腐朽，楼板欲坠。2003年10月，在厦门市文物管理委员会、同安梵天寺及同安、金门蔡氏宗亲支持下，蔡复一故宅开始拆建。在市、区文物部门指导下，始终按照"修旧如旧"原则进行翻建。因原来的地势偏低，翻建时地平提高0.6米，依照拆旧前的基址和尺寸重砌山墙。二层屋顶木架的中梁、三通、狮座、木瓜、雀替等及屋面的部分黄瓦、一楼的石柱础等都是原建筑的部件。2005年11月15日修复工程竣工并举行庆典活动，金门县蔡氏宗亲会组团谒祖并敬献"扬名青史"、"维护古迹"、"弘扬文化"等匾额。重修后的蔡复一故宅作为蔡复一史迹研究会办公室，一楼厅堂有蔡复一及其夫人李氏塑像，二楼悬挂金门蔡氏宗亲复制的蔡复一古代画像。

蔡复一故宅是金门与同

蔡复一故居外观

始建于明代万历年间的蔡复一故居

安"无金不成银"（同安县城别称"银城"）亲缘关系的物证，也是纪念明代同安杰出乡贤的名人故宅。

蔡复一于万历二十三年（1595年）中式进士，越岁奉旨完婚。民间相传，蔡复一从小是个残疾人：驼背、跛脚、独眼、麻脸，这可能是民间夸大宣传，但从蔡复一自我写照"浮生愧半残"诗句看，应该是有某些缺陷，但不致于如此严重。蔡复一"身残志坚"，从小勤奋读书，才华横溢。于是有人向同安县城驿路官家李璋（任吴江县主簿，父亲李春芳原是潮州令）提亲，有意为李璋女儿与蔡复一做媒。李璋知道后感到不妥，因为如果把千金女配与"跛脚郎"，有如"好花插在牛粪上"，那会是"无天无地"（意为天地不容）。后来，蔡复一得中进士，皇帝赐婚，君命难违。娶亲当天，蔡氏自北镇宫蔡厝门口到西门驿路李府梳妆楼前，约有一里多路，沿街青布遮天，毡毯铺地，李小姐就这样上不见天，下不见地（即所谓"无天无地"）被迎入夫家。李氏后来为了帮忙丈夫处理繁忙的公务，还发明了"薄饼"，此是后话。由上可见，蔡复一故居，是万历年间由其父亲蔡用明【万历七年（1579年）举人，任四川乐至知县】创建，后来蔡复一在故宅还专门为夫人李氏建造"贞素堂"，可见当时的建筑有着相当的规模。

明末清初，郑成功在同安县的辖地金门与厦门两岛树起抗清的大旗，同安县城成为"三日归清，三日归明"的"拉锯战"地。在那兵荒马乱的日子里，许多建筑物被占受毁。蔡复一英年早逝，又没有子息，夫人李氏寡居，想必也是门庭凄冷，甚至是"人去楼空"。因此，偌大的故居被清兵作为营厩。顺治九年（1652年）十一月二十三日蔡复一夫人辞世后，故居也就彻底废了。直到乾隆二年（1737年），同安知县唐孝本才在他的宅地基址上创建双溪书院，"中为讲堂三间，后造层楼三间，楼上中祀文昌神，左即以祀蔡复一"，故解放后保存的这座"秀才楼"是乾隆二年（1737年）的建筑物。20世纪70年代，双溪书院被改作同安食品厂，原来的建筑物（包括同安考棚）先后被拆除。在县文物部门交涉下，这座纪念蔡复一的"秀才楼"被保留下来，并于1988年被公布为同安县文物保护单位，2001年被厦门市人民政府公布为厦门市第一批涉台文物古迹。

□文/颜立水 图/张昭春

林壮猷故居

林壮猷（1618—1648），翔安马巷城场周边人。小时身材魁梧，膂力过人，曾拜师习武，练就一身武艺。稍长，组织村中义勇到沙溪一带除寇，崭露头角。崇祯间从戎，先后在铜山、浯洲、永定等地任职。清顺治五年（1648年）三月，郑成功率部3000多人攻占同安城，与清兵展开"三日归清，三日归明"的"拉锯战"。同年八月，清军佟国器等统兵攻同安城，双方战斗激烈。清军一贝勒中炮身亡，贝勒夫人急调漳州清兵援助。同年八月二十六日，清兵压境，郑军寡不敌众，同安城陷，林壮猷不肯降清，吞下金箔，僵立城墙。清兵入城，感其忠烈，不忍毁尸，将其尸体绑在竹排上，顺双溪流水漂到嘉禾屿（厦门岛）。郑军拾尸，厚葬于万石岩下（今深田路一带），郑成功为其墓碑书题"大树子军"，寓意所率部

马巷城场村的林壮猷故居

队犹如参天大树。抗战时期，因战备需要，林壮猷后裔将其骸骨迁回城场重新安葬，当地村民称其"忠进墓"。

　　林壮猷的故居在今翔安区马巷镇城场村西76号，原为前、中、后三进，曾被清兵烧毁，后又重新翻建。现存建筑前落坐东朝西，面阔三间10米，土坯墙体，保留着清初石构门槛和门臼。故居之东15米处，有清代中期修建的"林氏家届"，是祭祀林壮猷的祠堂。坐东朝西，前、后两进，中为天井，天井两侧小护厝（榉头），总面宽9米，进深17米，抬梁式梁架，硬山顶燕尾脊，板瓦屋面左、右各有三列筒瓦。后落保留有清代花卉纹石柱础。

□文/颜立水　图/张昭春

施琅故居

施琅（1621—1696），字尊侯，号琢公，福建晋江衙口镇人。早年是明总兵郑芝龙的部将，顺治三年（1646年）随郑芝龙降清。不久又加入郑成功的抗清义旅，成为郑军的重要将领，积极参与海上起兵反清。后因与郑成功在战略方针、筹措军饷等问题上意见分歧，发生矛盾，最终父、弟被郑成功所诛杀，使施琅再次降清，与郑成功分道扬镳。其后历任清军副将、总兵、福建水师提督，授靖海将军，封靖海侯。卒后追赠太子少傅，赐谥襄壮。

施琅画像

施琅最主要的功绩是统一台湾和力主保留、守卫台湾。康熙二十二年（1683年），施琅率两万精兵和三百艘战船东征台湾，在澎湖大败郑军刘国轩部，迫使郑成功裔孙郑克塽的郑氏政权投降，以和平方式统一了台湾。

台湾统一后，清政府内部有人主张对台湾"迁其人，弃其地"。康熙皇帝也认为台湾"弹丸之地，得之无所加，不得无所损"。在朝野多数主张放弃台湾的紧要关头，施琅上呈《恭陈台湾弃留疏》，认为台湾"乃江、浙、闽、粤四省之左护"，具有重要的战略转移地位。更重要的是，荷兰殖民者随时准备再次侵占台湾。为此，施琅强调台湾断断不可放弃，他还提出了在台湾设置官兵等治理台湾的具体建议。由于施琅的上疏，促使康熙下决心保卫台湾，并于1684年设立台湾府，设澎湖巡检，置分巡台厦兵备道及台湾镇总兵，隶福建省。台湾遂正式纳入清朝的版图。同时，下令废除禁海与迁界，实行展界、开放海禁，促进两岸经济的发展。因此，施琅在维护国家统一、促进台湾的和平回归、反对放弃台湾方面为中华民族做出了重大贡献。为表彰施琅功绩，清廷在他死后赐建"绩光铜柱坊"，竖立于同安。

施琅故居位于今同安大同街道霞露街125号，系施琅驻防同安时期居住之建筑群的一部分。清顺治十四年（1657年）十月至翌年二月施琅任同安副将；康熙二年（1663年）四五月水师提督署奉命移驻海澄，施琅离开同安。在此期间施琅及其家人居住于此。

施琅建筑群原有居于中间的施氏祖祠及东西两座生活起居大厝。大厝左右均有两列护厝，建筑群前有月眉池、升旗台和公所书房，后有武馆、将军井等配套设施。施琅离开同安后，他的后代继续在此居住。

几百年来，施琅故居不断被拆除、改造。据其后代回忆，祖厝一部分

施琅故居前进外观

在20世纪60年代拓宽道路时被拆除，一部分在"文革"期间被拆除并建成二层楼房，一部分被施氏后代改建为住宅。升旗台、月眉池等配套设施也相继被拆除破坏。今仅存西大厝一座，占地面积约800平方米，坐北朝南，砖石木结构三落传统民居建筑，硬山屋顶。中轴线从南向北依次为庭院、前落、天井、中落正厅、天井、后落，两侧为厢房。另有左侧护厝一列，右侧护厝仅存约三分之一。西大厝基本保留原有的建筑式样。故居现仍由施氏后代居住。

施琅故居全景

现存施琅大厝只是一幢普通的民居，墙体除部分为花岗岩和红砖外，大都为夯土墙。整座建筑没有精雕细刻的石雕、木雕，朴实无华是这座建筑展现在人们面前的风格特征。由于时间较久，建筑物已显得破旧，需要进行维修。周围则正在进行拆迁改造，石块、瓦砾随地堆放。

故居面阔20米，总进深40米。庭院约有100平方米，围墙应是后来所建，砖墙上抹了一层水泥。大厝正面檐墙的墙裙以整块泉州白花岗岩砌成，上半部是红砖砌成的空斗砖。门两边有两扇石窗，以石条为窗棂，可以通风、透光。庭院两侧分别有两道通向护厝的门。前落的门厅，是接待客人的地方。两旁是厢房。天井不大，地面铺设花岗岩，通常都用于养花种草，两侧是两间"榉头"。

顶落面阔三间，进深三间，抬梁式结构的梁架把厅两侧分隔为一边两间厢房。厅前悬挂四块匾额：一为"武魁"匾，上款"头品顶戴兵部尚书兼都察院右都御史总督福建、浙江等处地方军务，兼粮饷监课，兼管福建巡抚事杨昌睿为"，下款"光绪十一年（1885年）乙酉科乡试中举人第五十八名施朝凤"；二为"亚魁"匾，上、下款均已佚失；三为"德可风范"，上、下款已佚失；四为"节孝"匾，上款"旌表故儒士施凤标妻吴氏，守六十年，享寿八十有一立"，下款"大清同治二年（1863年）秋八月吉旦"。

正厅的供桌上供奉施琅塑像，墙上悬挂着福建晋江临濮施琅纪念馆赠送的"万世光辉"匾。

从正厅的后轩门进去，经过寿堂后就是后落，天井里种了花草和放置一些杂物。后落被分隔成四房二厅，并与左侧的护厝相连。庭院、正厅及后落都有进入护厝的门。护厝为马鞍脊屋顶，共有6间房，以过水廊与大厝相连。

在大厝的右边，原来的护厝被拆得只剩三间房，其余部分已建成楼房。再往右，在一幢楼房的旁边还能看到原祖厝的一小部分，这部分的屋顶依然保存原样，屋顶下还住着人。

施琅故居在2000年被公布为市级文物保护单位，名为同安施氏大厝。2001年被公布为厦门市第一批涉台文物古迹。

□文·图/谢明俊

陈睿思故居

陈睿思（1645—1716），字子将，号鹤屏，又号宜亭，金门阳翟人。生于清顺治二年（1645年），为明代金门名宦陈沧江的五世孙。清顺治八年（1651年），因避战乱，随父陈观泰由阳翟迁入同安感化里上田村（后改名松田村）。陈睿思自幼聪颖，善作诗文，长于书法。清康熙五年（1666年）中举人，次年中进士，授中书舍人职。不久，告假回乡省亲。回京后，又因父丧回家守制。居家时，曾捐资修缮同安大轮山朱子讲堂，为学生讲学授课，并购置学田，收租以助学。同时将

建于清康熙七年（1668年）的陈睿思进士第

父亲所居宅第扩建成祠。守制期满后，回京复职。数年后，陈睿思转任中行书人，由于他勤于治政，不久晋升户部主事。在京期间，捐修崇门外的同安会馆及贫民义冢，同时又为家乡的泗洲明觉院捐购十亩寺田。康熙九年（1670年）曾为《松田陈氏族谱》撰写谱序。陈睿思一生为官正直清廉，任职期间，反对官绅兼并土地，主张清丈界外田地，将溢余田地全部归公。康熙十六年（1677年）复界后，陈睿思上表力陈滨海地区风高地瘠，应减轻赋税

进士第入口大门

进士第的正厅"求德堂"

以休养生息。陈的主张被康熙帝采纳后,闽粤沿海经济因此得到迅速恢复。康熙年间,陈睿思曾三任同考试官钦差福建,其间有同乡豪族欲与交结,而陈睿思坚持秉公办事,深得闽省士子信赖。康熙末年,朝中海禁之争甚为激烈,陈睿思力主开海禁以利民生。康熙五十五年(1716年),陈睿思出理西仓事宜,因事必躬亲,操劳过度,卒于官,时年七十有一。随后其遗体归葬于同安莲花宝镇山。

陈睿思故居又名松田进士第,位于同安区田洋村松田社,现编田洋村123号。故居建于清康熙七年(1668年),坐北朝南,穿斗式砖木结构,整体布局由三落大厝、双护厝加后界组成,占地面积1000多平方米。大厝第一落面阔三间,进深二间,明间为厅,次间设前、后房。明间内凹,形成入口门兜,中间设一道对开大门,两旁各开两道对开侧门,平时出入均走侧门,遇有重要宾客或重大事情方使用正门。正门前置一对雕工精细的青石石抱鼓,石抱鼓分别雕饰灵芝牡丹纹和莲花鹭鸟纹。大门额悬挂木质进士第匾(该匾现已由陈氏后裔收藏)。第二落面阔三间,进深二间,明间为正厅,次间设前、后房。主人将正厅命名为"求德堂",堂内悬挂"求德堂"匾及陈睿思之子陈肇俊所获的"文魁"匾。第三落面阔三间,进深二间,明间为厅,次间设前、后房。屋顶为单翘脊硬山顶,上铺红色板瓦,屋脊上无装饰。地面室内铺设红色斗底砖,室外铺花岗岩条石。外墙墙裙下为花岗岩条石砌筑,墙裙上为砖砌抹灰。第一落正立面墙明间大门墙心以粉底墨彩螭龙如意头做装饰,次间开小石条窗。第二、三落建明间设六道格扇门，次间均为木质隔断。每落建筑间以天井相隔，天井地铺花岗岩条石，左右两侧均设东西厢房。厢房墙裙为砖砌抹灰，墙身设木质推拉窗。护厝面阔六间，进深一间，设四个横向过水廊与主厝相连，形成三个单元空间。右护厝顶护天井中有陈睿思亲手种植的含笑树，至今仍生机盎然。护厝外墙墙裙为砾石砌筑，墙身为夯土墙。屋顶为单翘脊硬山顶，上铺红色板瓦，屋脊上无装饰，地面室内铺设红色斗底砖。后界中部为一厅两房，左右突规为一厅一房。此为主人的书房，陈睿思逝世后，其子孙曾在此祀文昌君，故又被称为文昌阁。后界屋顶为双翘脊硬山顶，上铺红色板瓦。墙体为砖砌抹灰，地面室内铺设红色斗底砖。故居前为庭院，庭院内原竖有陈睿思和其子中举人所获的三对石旗杆。现石旗杆已失，仅存旗杆夹板构件。庭院围墙以花岗岩毛条石间隔围护，地面以花岗岩条石铺成，东西两侧各设一个出入口。该故居系陈睿思中进士后回故乡兴建的宅第，建筑简朴而恢宏，具有清初闽南民居大厝的建筑特点，即建筑材料因地制宜，建筑装饰简朴、不追求奢华，除主要门面稍作装饰外，其余部位均不做装饰。除此故居外，陈睿思还曾在松田东庄山兴建别业"澹园"。该园现已废毁，遗址附近岩石上尚存当年陈睿思所题刻的《咏澹园》诗一首，诗云："自是石城落半巅，雷轰耸秀俯平田。扶老携幼频呼丈，携履登来欲问天。香动梅花邀月饮，寒侵树影枕云眠。不须负箸归山市，镇日敲棋友谪仙。"

陈睿思尤善诗文，著有《可园诗集》。

□文·图/陈娜

陈睿思手植的含笑树至今仍生机盎然

进士第大门的石抱鼓

林君升故居

　　林君升（1688—1755），字圣跻，号敬亭，同安县翔风里十二都井头村（今属翔安区马巷镇）人。壮岁从戎，营帅见其魁梧奇伟拔置偏裨。康熙六十年（1721年）奉调带兵押饷赴台湾，同时勘察台地情形，为上官所器，擢黄岩镇游击，雍正四年（1726年）升定海总兵。乾隆元年（1736年）赴京陛见，越年调镇汀州。乾隆四年（1739年）、六年先后担任碣石、金门总兵。十五年间四任总镇，严守御，饬巡逻，保障地方安宁。乾隆七年（1742年）任广东提督，九年再次晋见乾隆皇帝。此后，服母丧期满后暂补台湾总兵，半年后恢复

厦门市翔安区马巷镇井头村的林君升故居

广东提督之职,再调福建水师提督。乾隆十七年(1752年)升任江南提督,总辖江苏、浙江、福建、广东四省军务,恩威兼施,军纪严明,使东南沿海防务井然,地方晏然。林君升公余纵观史书,善吟咏,工书法,有《自遣偶草》、《舟师绳墨》、《救荒备览》等书存世。

乾隆二十年(1755年)四月十六日,林君升逝于军中,谥温僖,诰授荣禄大夫提督江南全省军务左都督。越年归葬马巷井头村西,兵部左侍郎庄有恭撰写墓志铭,称他一生"三朝宠锡,历掌四省提宪,身膺五任总戎,勋猷灿然"。石质墓亭御制碑左右分镌乾隆皇帝颁谕的满、汉文字对照的江南提督林君升碑文,已列为县级文物保护单位。

林君升故居在今翔安区马巷镇井头村中,共有两座,称为"上三落"和"下三落",均为三进燕尾脊砖木建筑。"下三落"在"上三落"前面偏南,总面宽18米,总进深31.6米,硬山布瓦顶,共有16个房间。大门两侧有葫芦图案装饰的砖刻,门口右侧有马厩及仆人住房等附属建筑。其屋脊装饰有些与众不同,即两端燕尾前面都砌有一段与之等高的短墙,似乎阻挡"燕子"平飞。相传是住宅主人担心燕脊太"冲",会伤害邻家风水而特地加造的,但实际上是起防火作用的防火墙。"上三落"的

林君升故居侧面

林君升故居入口处墙心的拼砖装饰

第三进已经倒塌，外墙以砖石垒砌，内墙以菅蓁和泥隔离。民间常用老房子的"菅蓁"水煮作为小孩退烧的"土药方"，所以"上三落"房子内墙的菅蓁有许多被人盗走，墙面显得"百孔千疮"。从建筑用材，保存风貌看，"上三落"创建的时间比较早，可能是雍正与乾隆年间所建。

"下三落"的厅堂案桌上有林君升及其夫人郑氏两座神主牌，高41厘米，宽9.2厘米。林君升神主牌上镌："诰封荣禄大夫历任提督江浙闽广军务左都督节制各镇钦赐驰驿归田□□□□加三级谥温僖显考敬亭林府君神主"。郑氏神主牌上镌："皇清诰封正一品夫人显妣孝慈林母郑太君之神位"。"文化大革命"期间，全村神主牌集中焚毁。有一位信仰基督教的社员被派去"烧神主"，他发现有一块"大人祖"的神主牌，不敢把它扔进火堆，但也不敢收藏，只好把它扔入池塘里。林君升裔孙林文演知道后，偷偷把它捞回家藏在巷头楼上，直到20世纪80年代才取出来供奉。在林文演家的楼阁上，笔者还发现他收藏着一面"战旗"，据说这就是当年林君升当旗手时扛过的"常胜旗"。战旗长1.35米，宽1.03米，红底黑边，丝织品，上面缝着林君升迁升、嘉奖、追封、诰赠六道诏书。诏书用黄绢织成，横式长卷，楷书黑字。虽严重破损，但质地柔韧，色泽光亮，是清代上乘丝织品。这面战旗还蕴藏着一则有趣的故事：林君升家庭贫穷，靠挑私盐过日子。后来应征入伍，离家时姑母送他一双特制的鞋子。他又舍不得穿，平时总把鞋子别在裤头，因他身材高大，力能举鼎，到了兵营便被派作旗手。一次打仗，敌众我寡，招架不住，林君升也只好扛着旗子跟在士兵后面退阵。这时发现扎在腰间的一双鞋子丢了一只，他一时心急如焚。为了找回那只丢在战场的鞋子，他又扛着旗子往回跑。敌方以为我方来了救兵，慌忙逃跑；我方跟着旗手反戈一击，结果转败为胜，林君升也因此升官。林君升故居收藏的这面战旗，上面布满了战火的硝烟，也正是这则传说的佐证。

林君升少时家贫，父亲林国护也没钱供他念书。夏天天气炎热，他常到村中祠堂躺在"矴辽"（祖厅靠近深井的石板）上乘凉。族长瞧不起他，训示他"别把矴辽躺弯了"！但他人穷志不短，后来衣锦还乡，也不记挂前嫌，还为井头林氏九牧派亲订自九世起"百字世派歌"，即："世圣以佐德，廷彦显忠良。殿元学业茂，硕士名节光。……"同时为家庙撰写一联："一介历戎行帝心简在承恩重，千秋辉俎豆世泽渊源衍庆长。"表现了他的儒将风度。

□文/颜立水　图/张昭春

吴必达故居

吴必达（1705—？），字通卿，号碧涯，同安县在坊里溪边（今同安区大同街道）人。清雍正七年（1729年）武举人，越岁连捷武进士，分发广东候补。乾隆七年（1742年）授广东广海寨守备，乾隆十一年（1746年）升琼州协镇，乾隆十五年（1750年）升广东寨游击，乾隆二十三年（1758年）升海门营参将，乾

建于清乾隆年间的吴必达故居

隆二十四年（1759年）升授温州水陆总兵。乾隆二十五年（1760年）入京陛见，赏戴孔雀翎，调补广东左翼总兵，升授广东全省水陆提督军门，调补福建水师提督军门，兼管澎台水陆官兵。乾隆三十一年（1766年）再次入京，随侍乾隆皇帝祭拜雍正陵墓，蒙赐其母"萱寿延祺"寿匾。

民国《同安县志》载，吴必达"居官三十余年，革除陋规，整饬营伍，所至有廉声，军民悦服。晚岁归田，捐资购渔船，以其息钱，充双溪书院课

乾隆皇帝赐给吴必达母亲的"萱寿延祺"寿匾

士膏伙"。提督广东时，他对南海防务甚为重视，曾命水师巡防东沙、西沙、南沙，记录岛礁水道，为我国西沙群岛主权留下宝贵资料。20世纪70年代，中央军委派人来同安考察"提督衙"，并向吴氏后人征集相关资料。

吴必达文武双全，志书称他"善作诗，有雅歌投壶之风"。著有《水师要略》、《碧涯诗草》传世。还为安溪湖头康熙朝宰相李光地侄女李倩（适同安马巷林芳德之子林中桂）所著《栖云诗咏》诗集题序。

吴必达故居位于同安区大同街道办事处溪边街175号，俗称"提督衙"或"吴提督府"。故居坐北朝南，砖石墙体，抬梁木构架，硬山布瓦顶，主体面宽12.23米，进深35米，占地面积428平方米。由三落大厝和两侧护厝组成建筑群，共有28个房间。主体建筑前、中、后落大厝均为三进三开间，燕尾式硬山布瓦顶，屋脊两端置交趾陶鸱吻，前落大厝前面有宽敞的砖埕。三落大厝围合两个天井，并以天井两侧过水廊连接。右侧护厝有小厅和房间，采用马鞍式硬山布瓦顶，屋前有狭长小天井与主厝连接。大门两侧贴有葫芦形的砖雕图案（窗前刻），与林君升故居的砖饰一致，体现清代乾隆年间的装饰风格。

故居前堂悬挂乾隆皇帝御笔"萱寿延祺"楠木匾额，宽2.3米，高0.66米，重约三百多斤。上款为："乾隆三十一年（1766年）二月二十一日。"下款为："赐福建水师提督吴必达之母九十一寿匾。"同时还有一副乾隆朝文华殿大学士蔡新（漳浦人）题赠的木刻寿联："钟阁风清横海月，锦堂日映老莱衣。"上款是："恭奉碧翁提台老大人。"下款为："葛山弟蔡新。"联中借二十四孝之一的春秋老莱子"戏彩娱亲"的典故，颂扬吴必达之孝德。龙虎宫前原有一座"萱寿延祺"石牌坊，在"文化大革命"中被毁，幸存的"萱寿延祺"石匾额被征集到同安博物馆保

护。吴必达官品不是很高，但当朝皇帝赠匾，宰相赠联，可见其地位之显赫。但吴必达居乡期间，处处与人和睦，从不以势欺人。民间相传：溪边社吴姓与邻村潭仔尾叶姓常因琐事争执，甚至打架，吴姓人少常被欺负。一次吴提督回家省亲，吴氏村民乘机告状，想借本家提督的势力教训潭仔尾的乡民。但吴提督会当官也会察理，他耐心劝说本家居民：冤家宜解不宜结，凡事要从长计议。今天我调一些兵教训他们一顿很容易，可我百年之后（指谢世），他们如果也像你们一样，利用有利时机整顿我们，那这冤冤相报何时了结？经过吴提督细心调解，两姓居民从此和睦相处。而"有千年潭仔尾叶，无百年吴提督"这句劝人"以和为贵"的俚语至今还在民间流传。

吴必达自称是宋代医灵吴本的宗孙，对吴真人的医德医术非常崇敬。吴本（979—1036），字华基，号云冲，北宋同安县仁德里白礁乡人（今属漳州龙海市）。他为民采药治病，不幸坠崖辞世，乡人立庙奉祀，历代朝廷敕封，明洪熙元年（1425年）被封为"保生大帝"，成为今天海峡两岸供奉的神灵。吴必达故居邻近的"碧溪殿"，主祀保生大帝，据说他小时就在碧溪殿后院的私塾念书，出仕后便捐资增建该殿的山门，书题"碧水钟灵"、"惠我无疆"的匾额。还有一副他题写的木刻楹联："怀保众生喜民物恬熙大哉德洋恩溥，默持多士瞻风云际会光矣虎奋龙骧。"因联中有"虎奋"、"龙骧"颂语，故碧溪殿也称为"龙虎宫"，今已被列为同安区文物保护单位。

吴必达故居中的家用水井

现存三落主体建筑保存基本完好，两侧护厝部分改建，东侧护厝有一口圆形的石井栏古井。砖埕前面有一列古厝，相传是吴必达出生的古屋，现在仅存西侧半部分。

□文/颜立水　图/张昭春

李倩故居

始建于清康熙年间的李倩故居

　　李倩，安溪湖头人，清初文渊阁大学士、康熙朝宰相李光地侄女。其父李光墺为康熙六十年（1721年）进士，历官翰林院庶吉士、山东学政、国子监司业。李氏出身名宦官家，时人称她千金小姐。《同安县志》将她列为"才女"，《马巷厅志》记载她"自幼聪敏，淹贯书史。善弹琴，工吟咏，光墺常示以诗，有'呼婢抱书成博士，倩娘作警斗婵娟'之句"。李氏著有《栖云闺咏》诗集，乾隆三十一年（1766年），厦门水师提督吴必达（同安溪边人）为其作序。李氏自安溪嫁与马巷林芳德[雍正七年（1729年）由监生捐职抵同]之子林中桂为妻。但所适非人，据说婚后三年便忧郁身亡。其诗《秋夜栖云楼下见菊花有感》，借菊自咏，感伤身世，凄楚动人，脍炙人口："错下瑶池觅旧缘，埋沉幽谷自萧然。移根九畹香谁惜？纫佩三秋意共怜。疲影凄凉悲露湿，残妆零落伴霜眠。冰枝羞染黄泥污，枉抱芳心度岁年。"李倩的才气及其不幸的婚

姻，从中可见一斑。

李倩的故居栖云楼在翔安区马巷镇三乡街四角街29号，清康熙年间始建，坐北朝南。原为前、中、后三落大厝，规模宏大，前有荷池，后有果林。前落和中落于抗战期间被飞机炸毁，以后又重建，后落大厝则保留原来的风貌。现整体建筑面宽12米，总进深22米。幸存的后落大厝为二层楼阁式建筑，面阔三间12米，进深10.5米，楼高11米，底层高4.5米，二层楼阁高2.5米，山尖高4米。花岗岩石构墙裙及"斗子墙"红砖墙堵，红砖山尖，硬山顶燕尾脊。底层前部为廊道，宽2.7米，地埔六角形石砖，廊道西廊各开一个石拱门，辉绿岩石匾额有清溪（安溪）李鸿翔［李倩堂叔，康熙五十九年（1720年）举人］所题"拱辰"、"迎薰"字刻。底层中有厅门及厅堂，厅内设楼梯及阁楼，西侧厢房，厅门上有"登高口自"石匾，大门两侧墙面有高浮雕盘龙、闲鹤青斗石雕。楼阁面阔三间，中为厅堂，两侧厢房，为女主人李倩起居梳妆之处，故也称"梳妆楼"。

□文/颜立水　图/张昭春

李倩故居墙身上的青石雕装饰

叶时茂故居

叶时茂（1740—1800），字允丰，号得溪，厦门同安岭下人。清乾隆六年（1741年）出生于同安县瑶头村。祖父叶长善为县学庠生。叶时茂自幼好武，以膂力过人见长。乾隆二十四年（1759年）中武举人时，年仅19岁。乾隆二十八年（1763年），参加武科会试，获会试第一名"会元"。随后参加殿试，获乾隆皇帝钦赐一甲第三名，即探花。

中武探花后，叶时茂即赴京城就职，先后任宫廷侍卫行走、武英殿编修、兵部主事等职。乾隆三十年（1765年），因成都动乱，叶时茂被派往四川。动乱平息后，回到京城。不久，以兵部职方司督理江南。乾隆

2005年重修后的叶时茂故居

叶时茂故居

三十三年（1738年）以后，叶时茂正式外派为官，历任广西柳州游击、融怀参将、新太副将、湖州副将等职。叶时茂生性耿直刚正，持重老成，一生清正廉洁，宦绩卓著。在其为官三十余年中，一方面"剔奸除弊，清饷核兵"，另一方面"礼贤下士，抚恤流民"，故深得各地兵民爱戴。晚年告老辞官，定居于江西遂川县大沙乡。嘉庆五年（1800年）十一月，病逝家中，享年60岁。叶时茂文武双全，是古代同安县唯一的武探花，其祖父及父亲因之获赠武翼大夫。叶时茂排行第二，其兄叶长茂也中武举，曾任湖州副将。叶时茂尤喜好吟诵，著有《得溪诗集》留传于世。

叶时茂故居又名瑶头探花第，位于同安区西柯镇瑶头村。建筑坐东朝西，穿斗式悬山顶，砖木结构，整体布局为两落双护厝加一后界，占地面积1000多平方米。两落建筑面宽11.5米，总进深28米。第一落面阔三间，进深一间，明间为前厅，次间为房。明间设对开大门，次间各开一虎眼窗。屋脊为燕尾脊加马鞍脊，屋脊上无装饰。第二落面阔三间，进深一间，明间为正厅，次间为房。正厅开六扇隔扇门，中部设木质祖龛。祖龛为三开间，背屏中间彩绘花卉捧寿，两次间彩绘蝙蝠捧寿图案。屋脊为燕尾脊，屋脊上无装饰。两落建筑外墙墙基为花岗岩条石砌筑，墙体为砖石夹砌，内隔断均为夯土墙。屋面铺红色板瓦，地面铺设红色斗底砖。2005年叶氏后裔维修时，第一落正立面墙改为红色清水砖贴面。两落建筑间为天井，天井两侧设东西厢房，厢房正立设木隔扇，中间

探花第后界建筑

叶时茂中会元后兴建的武馆

叶时茂中探花后兴建的宅第

设单开门。护厝以三个过水廊分隔为两个单元，顶护为一厅两房，下护为一厅一房。护厝屋顶为卷棚顶，屋面铺红色板瓦。护厝墙体为砖石夹砌，内隔断均为夯土墙，地面铺设红色斗底砖。后界为一厅两房，左右"突规"为一厅一房。屋顶为燕尾脊硬山顶，屋面铺红色板瓦。墙体为砖石砌夹夯土外抹灰，地面铺设红色斗底砖。主体建筑与后界间设宽敞的后院，南北各设一出入口。后院内设家用水井。探花第前铺设内外二级砖埕，入口设于内埕西北侧，外埕前置一对八角形石旗杆。该建筑始建于明万历年间，清康熙、嘉庆年间两次重修。2005年叶氏后裔再次维修时，将前落正立面的夯土夹石墙外贴了六角红色面砖。

叶时茂中武举人后，先在故居的北侧兴建了一座武馆。中武探花后，又在故居南侧兴建了一座宅第和上下书房。武馆坐北朝南，硬山顶砖木结构，系两落单护厝建筑，面宽10米，总进深16米。第一落面阔三间，进深一间，明间为前厅，中间开对开大门，大门两侧置一对八角形石墩。次间各设一房，正面开方形小石窗。第二落面阔三间，进深一间，明间为正厅，次间为房，厅内悬挂乾隆癸未年（1763年）福建布政使颜希深为叶时茂所立的"会元"和"武魁"额匾。屋脊以镂空红砖砌成，脊尾呈燕尾状，屋面铺红色板瓦。两落建筑间为天井，天井两侧设东西厢房。护厝位于东侧，以三个过水廊与主厝相连，分为上下两个单元空间。顶护一厅一房，下护一厅两房。护厝屋脊为马鞍脊，屋面铺红色板瓦。外墙墙基为花岗岩条石砌筑，墙身上为砖石夹砌外抹灰。武馆前为一小庭院，入口设于庭院的西南侧，庭院内尚存当年叶时茂使用练武石和石狮等。叶时茂中探花后所建的宅第，主体建筑与探花第大致相同，整体布局为两落双护厝，占地面积约600平方米。宅第坐东朝西，穿斗式悬山顶，砖木结构，两落建筑面宽11.5米，总进深30米。第一落面阔三间，进深一间，明间为前厅，次间为房。明间设对开大门，门额上有一对圆形青石雕花门簪。次间各开一方形小石窗。第二落面阔三间，进深一间，明间为正厅，次间为房。正厅开六扇隔扇门。两落建筑外墙墙基为花岗岩条石砌筑，墙体为砖石夹砌外贴红色清水砖，内隔断为砖砌外抹灰。屋脊为燕尾脊，屋面铺红色板瓦，地面铺设红色斗底砖。两落建筑间为天井，天井两侧设东西厢房。护厝以三个过水廊分隔为两个单元，均为一厅两房。护厝屋顶为卷棚顶，上铺红色板瓦。墙体为砖石砌夹夯土外贴红色清水砖，地面铺设红色斗底砖。

□文·图/陈娜

李长庚故居

　　李长庚（1750—1807），字超人，号西岩，同安县翔风里十二都后莲保侯滨村（今属翔安区马巷镇）人。乾隆三十六年（1771年）武进士。初授蓝翎侍卫，乾隆四十一年（1776年）补浙江衢州都司，累迁至乐清副将，调任福建海坛镇总兵。后因邻海民船被盗，误认其属下所为，于乾隆五十三年（1788年）被参革职。但他仍致力海上捕盗，散尽家资募乡勇擒盗，因功以游击起用，迁铜山参将。乾隆五十九年（1794年）为父守丧服满后，起为海坛游击，累迁澎湖副将、定海总兵，在福建三都、浙江定海、温州等处与安南夷艇交战，因功赏戴花翎，并于嘉庆五年（1800年）擢为福建水师提督。因回避原籍，调任浙江水师提督。

建于清嘉庆年间的李长庚故居，俗称"伯府"

　　嘉庆六年（1801年），李长庚请造配有大炮的"霆船"30艘，与抗清的海上武装集团首领蔡牵（同安西浦人）战于岐头、东霍等洋。历经数战，李长庚大败蔡牵。嘉庆九年（1804年）夏，蔡牵与粤海首领朱濆联合80余舟入闽海，于浮鹰洋击毙温州镇总兵胡振声，朝廷诏令李长庚全力以赴围剿蔡牵。嘉庆十年（1805年）十一月，蔡牵聚船百余艘至台湾，集万余人于州仔尾，自称"镇海王"。清廷大震，急令李长庚率兵至台会剿，但未获全胜。嘉庆十二年（1807年）十二月二十五日，李长庚偕福建水师提督张见升率闽浙水师追击蔡牵入粤海，在黑水洋交战时，被蔡牵大炮击毙。朝廷闻讯，命王得禄接任，诏封李长庚为三等壮烈伯，赐谥"忠毅"，并在同安县城建专祠（新中国成立后拆作"红旗馆"）。李长庚允文允武，著有《水战经略》、《诗文遗稿》等传世。

"伯府"

李长庚故居在今翔安区马巷镇后滨村中，俗称"伯府"，二进双护厝砖木建筑，清代嘉庆年间始建。左侧护厝经过翻修，右侧护厝已被拆除。现存主体和护厝建筑总面宽约15米，总进深约18米。前进门前三级石台阶，大门上悬挂"伯府"牌匾。祖厅案桌有李长庚塑像，四月二十五日冥诞。泉州清代有副对联曰："文武三鼎甲，公侯伯子男。""伯"就是指在追剿蔡牵海战中殉难被封为三等壮烈伯的李长庚，"男"则是跟随李长庚围剿蔡牵功封三等男爵的金门后浦人邱良功。李长庚官居提督，功封伯爵，惊天地，泣鬼神，连孤魂野鬼都不敢骚扰，所以他的家乡后滨村七月不用做普度。李长庚故居规模并不大，装饰也较简约，但却是"武功之家"，贤才辈出。他的嗣子李廷钰（承袭封爵）曾任闽浙水陆提督，从子李增阶任广东水陆提督（其故居称"新大人衙"），曾孙李维实也任过金门协。因此，他的故居是清代同安"武功之盛，为全省冠"历史的见证。

李长庚是清代江南著名的水师将领，他经年过着

"长洋夜静鸣刁斗,战舰风和听鼓笳"的海上战斗生活,也使贼寇常有"不畏千万兵,但畏李长庚"的戒备。他虽有"烽烟未靖劳宵旰,臣职难伸负圣明"的抱负,但由于长期海上征战,加上兄弟早逝,所以晚年也有"海外孤鸿痛失群,晚来孤苦守黄昏"之叹。因此,他写诗《寄示次儿廷钰》:"年来颇觉风涛苦,寄语吾儿要读书。文武虽然同报国,荷戈总说是征夫。"从中流露出厌战的思想。蔡牵是东南沿海抗清武装集团的首领,他的势力威胁到清廷的统治地位。李长庚身膺"剿匪"重任,心想"捷书一奏便归家",无奈"海氛未剪",只好疲惫作战,甚至以身殉职。虽不能回乡颐养天年,却成就了他"公能报国死亦甘,留此正气维东南"(洪亮吉)的伟业。李长庚虽有这幢"伯府",这在当时该是数一数二的"豪宅"。但人生总有不尽人意之事,李长庚享年五十有八,但无子息。养子廷驹,嘉庆二十四年(1819年)武举人,任山东登州镇总兵,可惜英年早逝。当朝闻讯,以所抚同姓子廷钰为嗣,承袭爵位。李长庚卒后于嘉庆十三(1808年)年九月十八日葬于马巷坪边,福建巡抚迎丧,还杀所获蔡牵义子蔡二来陪祭,可见祭礼隆重,墓体宏大。相传有关官员回京禀报,皇帝问及"长庚墓葬何方",官员回复"坪边"。皇帝则说"坪边哪有什么风水"。后来李长庚墓遭破坏,"文化大革命"期间,李长庚墓彻底被毁。20世纪80年代普查文物时,我发现两尊李长庚墓前的石狮和一碣墓道坊上的蟠龙透空圣匾,随即征集到同安博物馆收藏。尚有一些墓地的铭文石构件被他的后裔搬回故居"伯府"前落保存,成了纪念李长庚的历史遗物。

□文/颜立水　图/张昭春

李长庚从子广东水陆提督李增阶的"新大人衔"

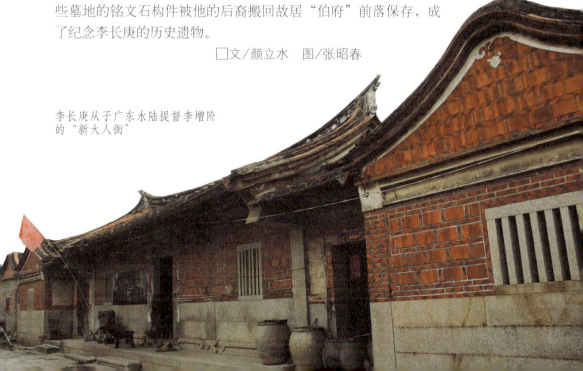

叶廷梅故居

　　"画角催开鱼钥扃，石桥人过水泠泠。楼台初日云中塔，城廓秋风灞上亭。好向高阳寻酒伴，还从陆羽向茶经。东溪碧到西溪水，一帧烟光蓼满汀"，这首《秋日凌晨登观澜亭》诗，作者为叶廷梅。叶廷梅，字近光，号兰春，又号鼎居，铺前后溪墘人。自幼聪慧，师事东桥五甲刘宝玉，刘是个老秀才，屡试不第，仕途无望的他倾心教书育人。为师严厉，叶廷梅刻苦攻读，天赋加勤奋，学有所成。乾隆乙酉（1765年）科开考，叶廷梅赴考前其父设祝天大醮，以期神灵佑护一举成名。祝天大醮场面奢华浩大，老师刘宝玉在一旁感叹曰："能中者天无目，不能中者天亦无目。"旁人忙问何故，刘宝玉答道："论才学廷梅岂有不中之理，但廷梅

同安古驿道上的叶廷梅故居

若中，他家岂不富上加富，天底下好事尽归一人，岂有公平。"话传至叶父的耳朵里，其父当众发愿：廷梅若中，定扶贫济困，共享太平。开榜后叶廷梅果然中了乙酉（1765年）科第三十八名。

中举后，叶廷梅遵父教诲，热心公益，无意仕途。他主导疏浚铜鱼池，改拓儒学大门，建观澜亭，重修文庙。据县志记载，叶廷梅修孔庙，废寝忘食，期间二年常驻工地，不但亲自筹集资金，还亲自选材购料。孔庙修复后，他又一鼓作气，修葺了同属孔庙建筑群的名宦、乡贤、忠孝、节烈等四祠。继又"构西山轩书舍于轮山绝顶"，"作梅亭镇梅山"，捐设东关石桥护栏，与乡贤吴必达同修太师桥，极尽好事。

叶廷梅故居的后界楼

叶廷梅才思敏捷，光华照人，一日为文百首，"诗得昆体，击钵韵成"，著有《抒箧诗集》、《瀓溪文集》、《瀓溪杂作》等书。

叶廷梅故居在同安区大同街道岳口村铺前里196号。铺前为古驿道上的一个村庄。古时驿道三十里设一驿，十里设一铺，铺前紧邻大同驿，与同安县城一水之隔，故名。古驿道自铺前分二道，一条往东桥进东城门的前街，一条往南门桥进南门的铺前街，两条街商店密布，店家接壤，钱庄商贾云集，廷梅的故居就在铺前的后溪墘，得天独厚的地理条件，使得叶廷梅的父辈租纳收益宠大，腰缠万贯成富翁。故居坐东南朝西北，面临东溪水，与孔庙一水相隔。砖、土、石墙体，燕尾脊硬山布瓦顶，兼用抬梁、穿斗木构架，占地面积783.92平方米。面

叶廷梅故居墙屏上的彩画装饰

阔五间计16.4米，平面布置由西北至东南依序为前门厅、前天井、正厅、后天井、后厅、后院、后界楼，总进深47.8米。各厅之间的两侧由小厢房连接形成封闭空间。前原有旗杆石，后毁于修路。故居前厅、后厅、后界楼保留较完整。其中后界楼楼高7.6米，面阔五间16.4米，进深8.8米，楼上楼下置有观景走廊。走廊卷棚顶，深1.9米。楼上门楣上挂一木匾，匾长74厘米，宽34厘米，上题"兰春楼"三字，题款署名莲西溥，字迹苍劲雄浑，金石味十足。

　　叶廷梅故居的左侧有一座三落大厝，样式规模与故居相同，只是少了后界楼。房屋是叶廷梅胞兄叶廷朴所建。兄弟俩的房子并排列建，规模自然不一般。大厝连接在东桥和南薰桥之间，屋前越过东溪为古城墙，犹如琵琶出线。故居前古时散落七株古榕，冠盖如帐。七颗大榕犹如琵琶的七阶音码，潺潺的东溪流水声犹如大珠小珠落玉盘的琵琶协奏曲。文首的诗，就是叶廷梅站在城墙上的观澜亭，观望对岸故居美景发出的赞美之词，"东溪碧到西溪水，一帧烟光蓼满汀"。叶廷梅置故居于其畔，风景这边独好。

□文/洪文章　图/陈娜

蔡牵故居和蔡牵寨

　　蔡牵（1761—1809），又作蔡骞，同安县从顺里三都西浦人。自幼父母双亡，孤苦伶仃，身材矮小，脸有微须。原以弹棉为生。由于连年灾荒，加上官府的压迫剥削，迫使沿海人民，特别是破产农民、渔民、船工、无业游民等下海起义。他在走投无路之下，于乾隆五十九年（1794年）参加海上起义武装集团，后来成为首领。嘉庆初年，海上武装集团拥有船只100多艘，几乎控制着东南沿海，引起清廷恐慌。嘉庆七年（1802年）五月初一日，蔡牵夜袭厦门海面，旗开得胜。接着连续几次进攻台湾。嘉庆十年（1805年）十一月十三日，他亲率船队在台湾南、北两路登陆，杀败清军，攻占台湾府（今台南），当地义军首领洪老四、吴维泗等响应。起

蔡牵故居的"下落"大门

义军迅速发展到2万余人，一时控制着台南、中、北路。他在沪尾建立政权，被推为镇海王。嘉庆十一年（1806年）初，清廷调浙、闽各港水军2万余人，以水师提督李长庚为帅，赴台围剿蔡牵起义军。双方在台湾府城附近激战月余，蔡牵军不支，于二月初七日退到海上，继续与清军抗争。四月初三日在福宁府古镇洋首挫李长庚，八月十四日在浙江台州府渔山洋，再

同安西柯镇西浦村新厝顶里47号的蔡牢故居

伤李长庚。翌年十二月，在广东黑水洋面，击毙尾随追击的李长庚。接任的福建水师提督王得禄，率水军继续围剿蔡牵。嘉庆十四年（1809年）八月十七日，由于叛徒朱濆的出卖，蔡牵在渔山外洋被王得禄军包围，双方激战两天一夜。蔡牵寡不敌众，几乎全军覆没，眼看大势已去，裂船沉海身亡。后残部坚持反清斗争多年。

蔡牵故居在同安西柯镇西浦村新厝顶里门牌47号。故居坐西北朝东南，故居前有一口池塘，池塘前面是浅海，涨潮时是海水茫茫，落潮时便是滩涂了。蔡牵故居为二进木石土结构，硬山布瓦顶燕尾脊，面阔10.85米，总进深14米。前落面阔三间10.85米，进深4.15米，后进进深6.7米，面阔三间，二进间天井厢房连接。是闽南地区常见的二落大厝。房子已经残破，前进及厢房已大部分坍塌，只存残墙。后进已经过翻修，屋顶及前门壁已依旧制翻新，东、西、后三面墙体为原构件。

故居始建何时无明确记载，据说为蔡牵祖父所建，蔡牵就在此屋诞生。当地民间传说，蔡牵出生的时候，恰逢天文大潮，蔡牵父亲以讨小海为生，为了生计在他的老婆临盆之际也不得不出海。这一天，天未亮他就出海了，走到海边，想着临盆的妻子，蔡牵父亲忍不住回头朝故居张望，就在这时，故居的房顶上突然亮出一团光圈，像彩虹把房屋笼罩在五彩光中，蔡牵父亲以为是火光，正准备往回走，火光很快又消失了，一切又恢复原来样子。赶海回来，家人告诉说家里又添了一口男丁。蔡父听说只是点头称是，脸无表情也未表示高兴或不高兴。因为家里本来就穷，添丁意味着要多一口吃饭的。

蔡牵故居现为一户林姓人家居住，在西浦一带原住有姓蔡、姓林、姓陈的三个村庄，三个姓各占据一方，相隔不足百米，三个村庄都傍海，村民以讨小海和务农为生。嘉庆十四年（1809年），蔡牵渔山外洋兵败，战死，族人星散，村庄成废村。清中晚期，林姓人丁急剧发展，就把蔡姓房子和土地购并了，并在蔡牵故居旁的废地盖了一座三落大厝，从此这个地方就成了林姓家园。

□文/洪文章　图/陈娜

陈化成故居

陈化成官服像

　　陈化成（1776—1842），字业章，号莲峰，厦门同安人。22岁入伍水师，因作战勇敢，屡立战功，从一个普通士兵不断受到提拔，历任金门右营把总、澎湖水师副将、金门总兵、台湾总兵、福建水师提督和江南提督。陈化成忠于职守，廉洁奉公，治军严谨，体恤士民，驻防上海吴淞口期间，被当地军民称为"陈老佛"。

　　道光六年（1826年），因清政府有不得本省籍当官之例，陈化成只能代理福建水师提督。后道光皇帝以其"身经百战，勇敌万人，宜膺重任"，特许他"毋庸回避"。道光十年（1830年），陈化成被正式任命为福建水师提督。在此期间，曾先后在福建、广东海域击退英国武装鸦片船，在同安大力缉捕强盗。他还积极襄助地方公益事业，捐资赞助《厦门志》的编纂刻印和厦门玉屏书院的维修等。

　　陈化成一生最感人的业绩是在吴淞口战役中，英勇抗击英国侵略者，表现出中国人民反抗外来侵略的伟大精神。道光二十年（1841年）鸦片战争爆发后，年已65岁的老将陈化成受命于危难之中，调任江南提督，驻防上海的咽喉吴淞口。他积极备战，加强吴淞口防务，做好迎战的准备。但是腐败的清政府却欲与侵略者议和，不仅将主战

的林则徐撤职，而且下令沿海各省撤防。而陈化成反对割地赔款求和，坚守吴淞口驻地。

1842年6月16日，英军开始进攻吴淞口。陈化成指挥将士用猛烈的炮火击退了敌人的进攻。胜利的消息传到宝山，两江总督牛鉴带着仪仗队出城前往炮台，英军立即集中火力向他开炮，牛鉴狼狈逃命，队伍溃散，导致两处炮台守军也相继溃逃失守。陈化成亲自指挥的西炮台腹背受敌，孤立无援。已中炮受伤的陈化成仍坚持战斗，决不撤退，直至将士全部壮烈牺牲。由于陈化成的英勇抵抗，震撼了侵略者，因而发出了"不畏江南百万兵，只畏江南陈化成"的感叹。

陈化成遗体在嘉定入殓时，当地民众自发罢市祭奠。清朝廷给予"钦赐祭葬"的待遇，赐谥"忠愍"，授"振威将军"称号，并于殉难处及原籍建祠纪念。灵柩由沿路文武百官护灵运送至厦门，安葬于金榜山麓。

从繁华的中山路中段北侧进入中华街区，经过弯弯曲曲的小巷，在厦门市人民政府竖立的"厦门涉台文物古迹——陈化成故居"的红色石碑后

陈化成故居全景

陈化成故居正门

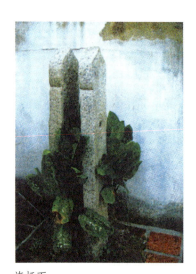

旗杆石

面，静静蛰伏着一座朴实无华的二落平屋，这就是位于厦门草埔巷9号的陈化成故居。由于城市建设与改造，故居一带已成为厦门中心地带，陆续建了不少的楼房，故居的前后及左侧的楼房，距故居仅有两三米之远。只有右侧依然保存着原来的古民居，让人还能看出一点原有的风貌。2006年后，市政府开始对中华街区进行整体改造，陈化成故居周围的楼房将被拆除，环境将得到一定的改善。

这座房屋是陈化成任福建水师提督驻节厦门时，花费396两白银从吴家购置用于居住的一幢普通民居，简朴建筑物历经180多年，至今已老旧，与周围的楼房建筑相比显得十分低矮，让人无法相信这曾经是清朝廷一品大官的住宅，无法相信这是在吴淞口战役中令侵略者闻风丧胆的英雄故居。简朴的建筑也充分体现陈化成生活简朴和为官廉洁的优良品质。故居现由他的第六代孙陈坤贞及子女居住。1986年市政府曾进行维修，故居的保护状况得到了较好的改善。

故居占地面积约400平方米，坐东南朝西北，两落砖石木结构，马鞍脊屋顶。面阔三间计12米，总进深33米（包括庭院）。走进建有围墙的庭院，首先看到的是厦门市人民政府竖立的文物保护单位保护碑，告诉人们这幢建筑已作为文物受到政府和法律的保护。围墙边还保存着当时留下的两座高度为1.8米的旗杆石，表明了这

座房屋主人不同一般的身份。庭院内摆放着石桌椅，是现在的主人待客、乘凉之处。从庭院进入屋内有一道石框门，宽约1.1米，这就是陈化成故居的正门。门额上的花岗岩刻着"陈化成故居"五字楷书，是厦门现代著名书法家谢澄光所书。围墙为砖墙抹灰。进门后的天井不大，两侧的榉头，其中的一间作为橱房，但已经不是原先的形式，已改成混凝土结构。

从天井登上两级台阶就是正厅。六扇格扇门将它与天井分开，两扇实心门素面无雕饰，只有门上的两个门钹。旁边的格扇门格心部分为竖条窗棂，可以透光、通风、简洁而实用，也显示出这是一座普通的民居建筑。厅前的走廊上内保存着一块石板床，长1.87米、宽0.9米、厚0.17米，上面没有任何雕刻纹饰，据后代说是当年陈化成夏天时纳凉休息所用。厅的地面铺设红砖，梁架结构为穿斗式。厅的正中板壁上挂着陈化成大幅相片，案桌上摆放陈化成的神位及有关陈化成的相片。左右两侧墙上张挂着陈化成史迹的图片。陈化成故居是爱国主义教育基地，常有单位或个人来此参观，瞻仰英雄遗迹，并受到主人的欢迎。厅也是现在主人的客厅和餐厅，虽然没有什么贵重的家具，却被主人整理得干干净净。厅左右侧以木隔墙将两侧隔为厢房，一边两间，居住着陈化成的第六代、第七代后裔。房内原有一个楠木小柜和楠木箱，据说是陈化成当年的用品。现由厦门市博物馆收藏、展出。

经过厅的寿堂后，是一个更小的天井。后落与前落相同，也是一厅四房的平面布局，但是面积更小一些。后落在20世纪五六十年代由于政府进行房改，被收归国有并出租给住户使用。1999年政府为保护文物，将后落无偿归还后代，才使故居得到完整保护。

2000年市政府为加强对故居环境的保护，将故居保护范围从原公布的"建筑物本体"扩大为："建筑物本体向四周延伸10米为保护范围，保护范围之外10米为建设控制地带。"故居后落因长期由租住户居住，保护状况较差，内部原有隔墙已被改造为砖墙，原马鞍脊屋顶也已被改造成钢筋混凝土结构平顶，原有的风貌受到了破坏。

故居于1961年被公布为市级文物保护单位，1982年市政府重新公布。2001年被公布为厦门市第一批涉台文物古迹。

□文·图/谢明俊

陈胜元故居

振威将军陈胜元画像

　　陈胜元（1797—1853），字建珍，号晓亭，厦门禾山殿前人。清嘉庆二年（1797年）出生于厦门溪岸。陈胜元天性善良忠顺，少时因家贫无法读书，每日上山砍柴以佐家计。幼时好武善射，18岁加入清军水师，20岁为县学武生员。道光三年至十九年（1823—1839），先后跟随福建水师提督许松年和陈化成赴台湾平定宗族械斗，缉拿地方海盗，并在闽粤沿海驱逐英国鸦片走私船，清剿贩烟奸商。鸦片战争爆发前夕，陈胜元任护中军参将，驻守厦门。1840年7—8月，英军数艘军舰入侵厦门。英军始登岸，陈胜元身先士卒，手执长矛刺死一名英军，岸上清军箭铳齐发，英军被清军的气势所震慑，被迫撤离厦门。陈胜元为此获清廷嘉奖，升为中军参将。1841年8月26日，英国侵略军3500多人在璞鼎查的带领下，再次进攻厦门。清军兵分三路进行堵截，陈胜元为中军统帅，迎敌于厦门港。开战未久，英军先攻破左右两军，然后以三路兵力同时夹击中军。在主帅颜伯焘弃军而逃的情况下，陈胜元仍率部坚守阵地，最后在左右仅剩20余人的情况下，才不得不退至同安城。厦门失守后，陈胜元等一批将官先后被降职。道光三十年（1850年），清廷鉴于陈胜元的忠勇，复授中军参将。

咸丰二年（1852年）升任江南福山总兵。次年，在安徽芜湖堵截太平军战斗中，陈胜元中炮坠江而亡。咸丰帝闻讯后，追赠为"振威将军"，加提督衔，谥"刚勇"，赐祭葬。陈胜元阵亡后，其三子陈宗凯世袭骑都尉，历任金门游击、台湾嘉义参将、艋舺参将等职。甲午战争前，陈宗凯防守台北艋舺，因备战日夜操劳，以身殉职。为此，清廷追赠其为"艋舺都督"，诰封"武功将军"。

陈胜元故居原位于厦门市溪岸街。清康熙年间，其先祖由厦门殿前迁居溪岸，先后建成两列四落双护厝建筑（编门牌号为今溪岸街32号和34号），南侧面对主厝为一列客房。光绪年间，其家族又在右侧护厝外购地建成两落及一列护厝，总占地面积达3000多平方米。陈胜元阵亡后，清廷追赠其为"振威将军"，时人称该故居为"振威第"。清代"振威第"所处的周围环境是：东、西两侧与民房相邻，北面为田园，南面可远眺白鹤岭，不远处即有一条狭长如带的溪流（名曰"带溪"）自东向西流入筼筜

2005年迁建后的陈胜元故居

陈胜元故居入口大门

港，故此地名曰"溪岸"，而故居又被称为"溪岸陈府"。

溪岸街34号的四落大厝系陈胜元的世居处。该建筑坐北朝南，单翘脊硬山顶，穿斗式砖石木结构，系闽南传统式居民大厝形式。建筑面阔10.5米，总进深42米，建筑面积734平方米。平面布局为：第一落为"回向"或称"对照"，面阔三间，进深一间，面朝第二落。第一间为门厅，其余两间为书房。第二落面阔三间，进深二间，明间称前厅，次间各设前、后房。第三落面阔三间，进深二间，明间称正厅，次间各设前、后房，此为整列建筑中最高大的建筑。第四落面阔三间，进深一间，明间称后厅，次间各设一房。第一落和第二落间为庭院，庭院内陈设花台、石桌以及陈胜元习武的兵器及义勇石等。第三、四落建筑前设有天井，天井两侧分别建有东西厢房，合围成四合院状。第四落天井中设有家用水井。地面室内铺红色斗底砖，室外铺花岗岩条石。屋面以红色板瓦铺就，屋脊上有简单的花草纹剪瓷贴装饰。外墙墙裙下为花岗岩条石砌筑，墙裙上为砖砌抹灰。第二落建筑立面墙以六角红砖做拼贴装饰，中间设对开大门。第三、四落建筑明间设六道格扇门。厢房墙裙为砖砌抹灰，墙身设木质推拉窗。入口门兜位于建筑右前方与"回向"相连，门兜为卷棚顶，中间设对开大门。门斗左右墙心均做装饰，右侧绘水墨花鸟图案，左侧镌刻署名为"带溪道人"的五言诗。据考，"带溪道人"应为陈胜元之孙陈尧夫，诗句为光绪戊申年（1908年）重修竣

工时所作，诗曰："闻说金华渡，东连三百滩。全胜若邪好，莫道此行难。猿啸千溪合，松风五月寒。他年一携手，摇艇入新安。"

　　陈胜元一生清正廉洁，教子甚严，为官三十余载，家无余资。曾有人劝其以积蓄为子孙计，陈胜元说："吾子孙苟能贤，皆财也，奚赖祖父积蓄哉。"陈胜元在世时，未曾增建宅第，家中陈设也十分简朴。殉难后，其家眷的生活甚为清贫。1895年，台湾名绅林尔嘉自台湾回到厦门后（林尔嘉原系陈胜元之孙，幼时过继给姑母为子嗣），便时常接济陈家。1907年，林尔嘉回溪岸陈府拜祖时见"振威第"年久失修，便出资一万银圆重修了第二落和第三落建筑。2002年，因市政重点工程——市府大道建设需要，厦门市政府决定将陈胜元故居实施迁移性保护，2005年12月迁建工程竣工。迁建后的陈胜元故居位于其祖籍地——厦门殿前神山山麓。现建筑坐东朝西，共三落，面阔10.5米，总进深36.6米，单翘脊硬山顶，穿斗式砖石木结构。迁建工程始终坚持"不改变文物原状"的原则，施工中尽量采用原建筑拆卸下的砖石木构件，并按照建筑原有的形制、结构及施工工艺进行复建，使迁移后的故居较好地保存了原有建筑风貌。2004年11月，厦门市政府将陈胜元故居公布为第五批市级文物保护单位。

　　　　　　　　　　　□文·图/陈娜

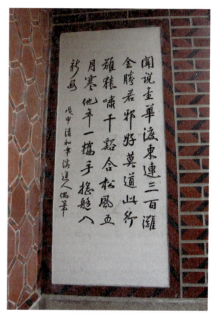

1908年重修陈胜元故居时，带溪道人题刻于入口处的诗句

李增阶故居

李增阶像

　　李增阶，字益伯，号谦堂，清代马巷侯滨人，浙江水师提督李长庚从子。嘉庆三年（1798年）随从其父李长庚围剿蔡牵海上武装集团，立下战功。十二年（1807年）十二月二十五日，李长庚在粤海黑水洋被蔡牵大炮击毙，增阶愤激流涕，决心以消灭蔡牵为己任。不久随水师邱良功（金门后浦人）率八百人为先锋，继续在黑水洋追击蔡牵。十四年八月十七日，海战非常激烈，"两军皆拼死狠斗，兵刃短接，火箭横飞"，激战两天一夜，蔡牵寡不敌众，眼看大势已去，断然裂船沉海身亡。增阶在战斗中也负伤落水，后获兵士救起。由于战功显著，增阶由偏裨升至广东水陆提督。道光年间授南洋总巡大使，赏换双眼花翎，整理出版其父遗著《外海水程战法纪要》。

　　李增阶故居在翔安区马巷镇后滨村64号，俗称"新大人宦"，以别于其父李长庚故居"老大人宦"。道光三年（1823年）始建，坐北朝南偏西，前后两进大厝，中为天井及西侧榉头。主体大厝东西各有一列护龙，总面宽25.7米，通进深21米。前落大厝面阔三间，中为凹寿门廊及门厅，两侧厢房，穿斗式梁架，硬山顶燕尾脊，屋面两侧各有五条筒瓦。后落面阔三

建于清道光三年的李增阶故居

间11.7米，进深二间10.2米，中为厅堂，以木板墙与两侧厢房相隔，穿斗式梁架。硬山顶，燕尾脊。厅堂有李增阶画像，巷头楼阁有其族裔保存的李增阶官服和鞋子。

□文/颜立水　图/张昭春

李增阶故居的正厅

颜青云故居

颜青云故居的古井

颜青云故居的山墙装饰

颜青云，字耀登，号梯航，同安县长兴里军林（今为同安区五显镇）人。幼年即有远大志向，对洋务非常熟悉。清代咸丰、同治时期，国家内忧外患，战乱频仍，颜青云毅然投笔从戎。咸丰年间护理金门右营游击，多次立下战功，先后任过漳州、潮州、南澳、海坛（今平潭县）、福宁等处地方总兵官。太平天国起义被清廷剪灭后，地方暂时绥静，颜青云循例被起用提拔，两次担任福建水师提督，督察军务，统辖台湾、澎湖水陆官兵，节制各镇总兵。他67岁时原配夫人辞世，总督胡某有位46岁的姐姐，以处女待字深闺。经人作媒，颜青云迎娶这位老小姐，一时传为佳话。当时的地方秀才颜润廷（今五显镇后塘人）、叶钟英（今汀溪镇褒美人）等人赋诗记述其事。颜润廷诗云："房栊寂处遇华年，忽作鸳鸯不羡仙。射雀将军人亦老，白头共缔晚因缘。传粉施朱学少年，同牢合卺更骈肩。关雎一曲从今奏，无复朝飞雉上弦。"

颜青云的故居在今同安区五显镇军村村

中，俗称"大人厝"。清代同治年间始建，现存建筑为二进砖木构筑，坐北朝南，硬山布瓦顶燕尾脊，总面宽11米，总进深21米。镜面墙墙裙及奎脚以"泉州白"石板磨光砌成，山墙下端以鹅卵溪石垒砌，"鸟踏"以上墙面封贴红砖。前落面阔三间，凹寿大门有螺纹抱鼓石及梅瓶石刻浮雕，前厅两侧厢房，深井双边"过水"（榉头）连接后落。后落面阔三间，中为厅堂，穿斗式梁架。厅堂两侧为厢房，厅堂隔墙为枋堵，各有六幅山水人物花鸟画。外墙开着两个砖拱小门，西侧有一口水井。整座建筑物保存基本完好，泥塑、壁画、木匾等在"文化大革命"时毁坏。但只要加以整修，仍是一处很好的涉台文物。

□文／颜立水　图／陈娜

建于清代同治年间的颜青云故居

林鹤年故居

　　林鹤年（1846—1901），字谦章，号氅云，福建安溪人。清道光二十六年（1846年）生于广东番禺县太平沙。少博涉群书，又有英气，尤工于诗。光绪八年（1882年）中举人。光绪九年（1883年）应礼部试，获誊录第一名，充任国史馆誊录官，叙知县。旋入部，就郎中之选，分任工部虞衡司。光绪十八年（1892年）调台湾承办茶厘及船捐，又委以建设台湾铁路的重任，颇有成绩，清廷升以"知府任用"，后又加"道台、按察使衔"。应中丞邵友濂、寺卿林维源之聘，办理全台抚垦，拓地数百里，悉加向化。又购西洋机器，以兴水利。

　　中日甲午战争后，清廷签订屈辱的《马关条约》把台湾割让给日本，他感到"台事"不可为，1895年举家内渡，定居鼓浪屿。

　　光绪二十四年（1898年），入都就工部职，疏陈商务六条。尚书荐以举办全闽商务团练，他感到"维新守旧，朝政纷更，上下犹争意气"，不就告归。到老家安溪"崇文书院"讲学，还与儿子准备在厦门筹办轮船、矿务等事业，均未成。

　　鼓浪屿领事团成立工部局管理公共租界时，有设立"华董"（华人董事，代表华人权益）之议，他力主设立华人董事，以保障华人权益，时人颇赏其胆识。

　　由于心力交瘁，奔走劳顿，于1901年7月16日逝世，终年仅55岁。

　　林鹤年是著名的爱国诗人，是晚清福建八大诗人之一，著有《福雅堂全集》。1993年，他的外甥女婉婷从加拿大回鼓浪屿探亲，携回他的诗稿

建于1895年的林鹤年故居

16集近2000首，抗日爱国之情，溢满诗行！

　　林鹤年在台湾时，与福建同乡抚垦大臣林维源交情颇深，过往甚密。《马关条约》割让台湾后，又遵御旨与林维源同时返回大陆。林维源择地鼓浪屿鹿礁建造"林氏府"，他也选定鹿礁靠近海边比邻林氏府的一块空地，他在鼓浪屿修建"怡园"别墅和"小桃源"花园。怡者，不忘台湾之意也。

　　怡园，坐落于鼓浪屿福建路24号，约于1896年建成，为两层清水红砖别墅，四周均系华侨所建的各式别墅，处文化型交际圈内，与林维源的林氏府也近在咫尺。居住环境清静幽雅，十分理想。

　　怡园别墅采用西欧拱卷内廊，附隔潮层形式，又取闽南民居常用的两厢夹一厅中轴对称布局，一家人和睦相居，亲和温馨。廊柱为红砖砌叠的方柱，中厅内收与内廊相连。两个突龟前厢为六角形，以便吸收更多的空气和阳光。厅前为一长石阶，进入别墅必须通过侧门，步过小花园登石阶上中厅，站在中厅内廊或突龟前厢里，视觉效果颇佳。加上颇有规模的花园衬托，怡园显得更为高雅。

　　怡园别墅是典型的中西合璧建筑，且具有较突出的闽南传统民居建

【61】

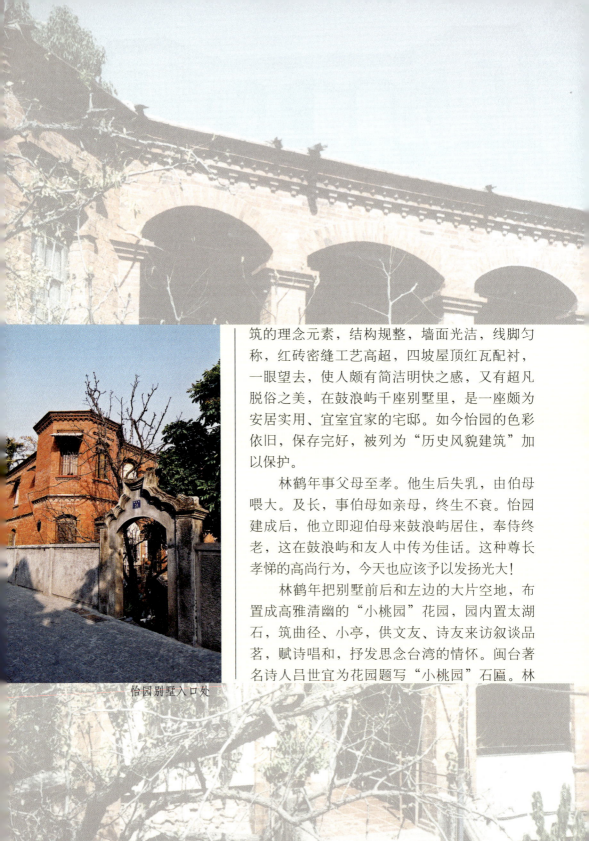

筑的理念元素，结构规整，墙面光洁，线脚匀称，红砖密缝工艺高超，四坡屋顶红瓦配衬，一眼望去，使人颇有简洁明快之感，又有超凡脱俗之美，在鼓浪屿千座别墅里，是一座颇为安居实用、宜室宜家的宅邸。如今怡园的色彩依旧，保存完好，被列为"历史风貌建筑"加以保护。

林鹤年事父母至孝。他生后失乳，由伯母喂大。及长，事伯母如亲母，终生不衰。怡园建成后，他立即迎伯母来鼓浪屿居住，奉侍终老，这在鼓浪屿和友人中传为佳话。这种尊长孝悌的高尚行为，今天也应该予以发扬光大！

林鹤年把别墅前后和左边的大片空地，布置成高雅清幽的"小桃园"花园，园内置太湖石，筑曲径、小亭，供文友、诗友来访叙谈品茗，赋诗唱和，抒发思念台湾的情怀。闽台著名诗人吕世宜为花园题写"小桃园"石匾。林

怡园别墅入口处

鹤年颇为兴奋，在卧室前花园入口处筑一短墙，将石匾嵌了进去，并在石匾尾部加镌"避氛内渡，筑园得吕不翁书小桃源石刻，人以为忏，爰嵌诸壁。光绪丙申（1896年）夏，林鹤年跋"。可惜的是，如今的小桃源已被他人占去大半，盖起现代小屋。小亭已不存，短墙也倾圮，花园荒芜不堪，杂草丛生，已不见当年高朋满座的情景，仅小桃园石匾和几块太湖石蹲在墅前，供人凭吊！

诗人吕世宜为花园题写"小桃园"石匾

林鹤年交友颇为肝胆，有孔北海风度。他又善诗文，在台湾任内，常与抚垦大臣林维源、巡抚唐景崧、总兵刘永福等过从酬唱，私谊甚笃。他特别崇拜民族英雄郑成功和林则徐，怡园落成后，常邀友朋到小桃源唱和。当他闻知台湾"黑旗军"抗日失败退回大陆的消息后，专程到南安东石"郑成功焚青衣处"哭祭，赋诗八首，激扬慷慨。1897年4月7日，他登上鼓浪屿日光岩顶，东望台湾而泣，赋诗："海上燕云涕泪多，擎天无力奈天何！仓皇赤壁谁诸葛，还我珠崖望伏波。祖逖临江空击楫，鲁阳挥日竟沉戈。鲲身鹿耳屠龙会，匹马中原志未酬。"他仰天长叹，泪面饮泣，边奔边唱边哭，从日光岩顶奔到海边，十分悲壮！

　　　　　　□文/龚洁　图/白桦

叶清池故居

叶清池（1846—1927），又名叶崇禄，字寿堂，清道光二十六年（1846年）生于厦门狮山。因家境贫寒，16岁就只身赴菲律宾小吕宋谋生，不久转往怡朗当小伙计，稍有积蓄就开设"捷丰号"，经营糖类和杂货。经过数年的苦心经营，发展成菲律宾实力雄厚的商行，西班牙殖民当局任命他为华人"甲必丹"。

随着经营业务的发展，叶清池先后在菲律宾各地设立"捷丰"分号，并到国内的厦门、上海、宁波和香港开设分行，甚至发展到日本的神户。业务范围也扩大到棉布、铸铁、大米加工、钱庄等领域，涉及范围颇为宽广，形成"捷记"系列，为捷发、捷茂、捷胜、捷裕、捷隆、捷昌等等。1897年，他将所有生意交给弟弟清潭后，携眷回到故乡厦门，那年他51岁。

叶清池返回厦门后，热心家乡的教育事业，捐助同文书院教学大楼"清池楼"，出任校董达20年。还捐助厦门女子职业学校、华侨女子中学、群惠小学的常费。主持慈善机关同善堂，举办育婴、义仓等善举，救恤病贫。他还捐建创设厦门罪犯习艺所，挽救罪犯。

1911年爆发辛亥革命，1912年厦门光复。厦门成立参事会，叶清池被选为参事，协助筹款，维持地方治安，1912年被选为厦门商会会长。

叶清池晚年"不问商事"，也"不问政事"，在距家数百米的地方建一"颐园"，以颐养天年，自号"颐园老人"。1927年，叶清池在厦门病逝，享年81岁。

　　叶清池故居在鼓浪屿领馆区内，是他1897年回厦门定居后所建的，现编福建路58号，紧邻天主堂和协和礼拜堂，是一座二层维多利亚风格的英式别墅，带有地下隔潮层，且比其他别墅的地下隔潮层要高一些。如今，二楼已经倒塌，隔潮层里住了人。

　　叶清池故居别墅的立面使用简约的太阳光束线条做装饰，颇为大方而有美感，这种太阳光束装饰在欧洲和香港等许多城市的别墅建筑上被广泛采用，至今仍可看到。它的门不开在正面，而是开在转角上，直面天主堂尾部，马路从前面经过，门框上塑有漂亮的浮雕，颇有巴洛克风格。

叶清池故居

风格各异的西式窗门

　　1908年，叶清池在此别墅内设筵宴请来访的美国东方舰队司令。1918年，别墅又租给日本博爱医院，此别墅确实辉煌过一不短的时间。

　　可是别墅的坡屋顶和第二层在解放前就倒塌，一直未加修复，只剩下一楼的地板作为屋顶。现在看去虽只有平面，但那种巴洛克风格的大门和光芒四射的太阳光束，仍使故居别墅透出它的灵秀神韵。

□文/龚洁　图/张昭春

卢戆章故居

卢戆章（1854—1928），原名担，字雪樵，同安县感化里古屿保古庄村（今属大同街道）人。9岁读书，18岁应试，府试落第后任私塾教师。当时受"欧风东渐"影响，因而参加基督教活动，曾跟随传教士王奇赏研究《圣经》。同治十三年（1874年），卢戆章到新加坡半工半读，专攻英文。光绪四年（1878年）回到厦门，住于鼓浪屿日光岩下，应英国传教士马约翰的聘请，参与翻译《华英字典》。因他精通华语和英语，所以"西人习厦语、华人习英语者，均奉以为师"。

卢戆章认为提倡科学才是国家富强之道，而教育是科学的基础，汉语拼音化又是普及教育的有效方法。为此，他于光绪十八年（1892年）创制出近代中国第一套汉字拼音方案，撰写了中国拼音文字的第一本著作《一目了然初阶》，并自己出钱在厦门五崎顶倍文斋刊印，使切音新字在闽南广为传播。光绪二十四年（1898年），工部虞衡司郎中林辂存（安溪人）看到卢戆章的切音新字，便上书请求把他的字学新书颁行天下，光绪皇帝也钦批办理，但因戊戌政变被搁置。1915年，卢戆章又进一步改订新字方案，出版了《中国新字》。汉字标音方法从"反切"到"拼音"，是我国

卢戆章

文字史上的一大革新。而第一个发明汉字拼音的人正是卢戆章，因而他被称为"发明中华新字始祖"，周恩来总理生前对他的文字改革也给予高度的评价。

卢戆章的故居位于同安区大同街道古庄村。古庄地处同安城乡结合部，由于"近城先富"，这里已是高楼拔起，富裕起来的村民纷纷把原来的平屋改建成三、四层的别墅楼，卢戆章的故居在四周群楼的掩映下，愈加显得孤寂和苍凉。但200多年前，卢戆章的故居却是这个村子的"豪宅"。据传卢戆章的先人卢中是当时同安三大富翁之一。民间俚语说："古庄卢中，五峰许尚，埭炉颜香。"他们当时富裕的标志是：古庄卢中的钱很多，以至银元把楼阁的横梁都压弯了；汀溪五峰许尚田地很多，收成的谷子把祠堂前的旗杆都埋没了；五显埭炉颜香独办许多"糖"，榨蔗煮糖时，把红糖倒入村前的布塘溪，流到县城，双溪口（约有八里路）溪水还是甜的。因此，卢戆章的先人卢中在清代嘉庆年间建了这座豪宅，一代汉字改革家卢戆章就在这里诞生。

卢戆章的故居坐南朝北，两进双护厝砖木建筑，总面宽23米，总进深19米。主体建筑为燕尾脊悬山布瓦顶，护厝是马鞍形脊硬山布瓦顶。当时的地基很简陋，没有用石材填基，只用三合土（即溪沙、红土、壳灰加以糖水搅拌）夯实。正面外墙下端用四层磨光石板贴砌。其余三面墙体采用"出砖入石"的手法垒砌，内外墙用2.4米高的石板竖于三合土的基础上，石板内砌以红砖，外面看去，石板与红砖相间，土话叫"狗脚迹起"。据说相当牢固，可以预防"强贡"（强盗）破墙而入。主体大厝

建于清嘉庆年间的卢戆章故居

前落一厅二房，后落一厅四房；护厝各有两个单元，均为一厅二房格局，且有前、中、后三个"过水"与主屋通连。大门口有宽敞的庭院，深约21米，左侧有一口用红砖砌成的水井，据说卢戆章小时就在井旁用井水冲凉。

卢戆章出生不久他的父亲就去世了，他有五个哥哥，都留在乡下种田，只有他一个人读书，虽因长期在外很少回家，但他的家乡观念很强，1892年出版《一目了然初阶》写"原序"时，落款仍是"闽泉同古庄卢氏戆章自序于鹭江鼓浪屿码头"。卢戆章当年寓居厦门鼓浪屿内厝澳，与原配夫人林氏生子天福，女天德、天恩。林氏及天福早逝，继娶王氏，生女天喜后也去世。后娶杨氏，但未生育，以天恩的儿子大鹏（更名明亮）为孙（即外孙变内孙）。长女天德嫁与当时英华书院英文主任周宗侨，抗战期间夫妇携带子女移居台湾。其他子孙则散居泉州、上海、香港、美国等地，没有人回到故乡居住，也没有人对这座老房进行过维修。原本住在这里的人已经陆续搬进新居，只剩下一位孤独的老妪住在前房。祖厅神龛镏金木雕被人盗走，只见一块写有"忾闻僾见"的横楣在风中摇曳。门口保留着一个圆形的石轮，那是用牛拉着滚动碾压麦穗的农具，显示卢家门口农耕时代是个热闹的晒谷场。还有一个高0.54米，宽0.32米，厚0.22米的义勇石，那是卢氏族人农闲练武考举的"体育器材"。历史的尘埃总被风吹雨打去，唯有这些遗物见证着当年房屋居民的生活习俗。卢戆章在鼓浪屿的墓地已被列为厦门市文物保护单位，而他的故居正面临着被新村高楼"蚕食"的困境，实在让人嘘唏。

□文/颜立水　图/张昭春

卢戆章故居的神龛

庄银安故居

庄银安瓷画像。此为庄银安
73岁时友人所赠

　　庄银安（1856—1936），字吉甫，号希复，厦门海沧祥露人。清咸丰六年（1856年）出生于同安县角美乡祥露村（现属厦门市海沧区祥露村），18岁到缅甸谋生，初在仰光华侨商人经营的泰昌号当佣工，因聪敏勤劳，处事谨慎，深为店主器重并招为婿。数年后自创源记栈，向缅甸政府申请荒地开垦种植，获利甚丰。致富后的庄银安，热心于华侨事务及社会公益事业，1893年被推选为仰光建德总社总办。1903年，与陈甘泉、徐赞周等创办仰光中华义学和益商夜校，开缅甸华侨办学之先河。1908年，与徐赞周等人发起组织中国同盟会缅甸分会，被推举为会长。同年，创办了同盟会在缅甸的第一份机关报《光华报》。在此期间，庄银安在大力宣传民主、反对帝制的同时，还积极发动南洋华侨捐款，为孙中山领导的民主革命筹措资金。1911年武昌起义后，庄银安被推举为南洋各埠中国同盟会的总代表，携带巨款回厦门策动起义。福建光复后，受聘为福建都督府咨议顾问、福建华侨公会会长和厦门参事会议长兼财政次长等职。二次革命失败后，因对时政失望，重返缅甸经商。1931年5月，75岁高龄的庄银安回到故乡定居。1935年，国民政府为表彰他对辛亥革命的贡献，特授予"民国元勋"称号。1936年5月，庄银安在家

中病逝，安葬于祥露村南面的一处坡地。

　　庄银安旧居在祥露村村舍中，现编祥露村东片165号。1927年，在海外漂泊多年的庄银安打算叶落归根，于是便回到故乡筹措建筑事宜，1928年新居落成，取名"映碧轩"。映碧轩坐北朝南，系两层西式建筑，双坡顶、砖木结构。平面呈正方形，边长10米，面阔三间，进深一间。中间为厅，设对开大门。东西两侧各设房一间，一、二层布局相同，一楼大厅西侧设木楼梯通往二楼。正面及左右两面设回廊，一楼廊柱柱头堆塑西洋式的花草和狮头，二楼廊柱明间两柱装饰西洋力士，其余做盾形花头装饰。外墙墙裙为砖墙外抹水洗海蛎壳面，墙裙上为砖砌抹灰。地面铺传统的红色斗底砖，屋面以红色板瓦铺就。二楼廊顶设西洋楼牌，东侧山墙则镌刻"民国十七年（1928年）落成"等字样。小楼的东侧建有面宽4米、进深6米的清凉亭，亭上建前廊式阁，名"闲来阁"。此为主人读书和会客的场所，故除在阁与楼之间设廊道相通外，还在庭院中设置专用楼梯直通于

1928年建成的庄银安旧居

庄银安题写于"闲来阁"门额上的诗句

阁。故居四周建有围墙，从而形成独立院落。主入口设于庭院的西南侧，东南侧开一边门。正门门额上有主人自题的园名——"味根园"。

驻足于庄银安故居，不禁让人思绪万千。一是眼前的故居与我们所知主人的身份反差极大。庄银安是一个华侨富商，他一生为祖国的民主革命捐献了无数钱财，而自己的生活却十分简朴，他的居所却是如此狭小，室内陈设是如此简单，使人无法将建筑与民国功臣联系在一起。二是从庄银安建清凉亭的初衷，我们能感受他对贫困乡民的爱心和同情心。20世纪上半叶闽南民居的建筑格局，清凉亭的位置原应为副楼一层，由于庄银安住宅南侧及东侧均面临村中道路，主人便将副楼一层改建成开放式的凉亭，以便过路村民中途小憩。每至盛夏时节，庄银安还令家人在凉亭中放置茶水供路人饮用。三是故居的门柱和墙柱题满了主人自撰自书的对联和诗文。这些题刻不仅使小楼充满了文化气息，也能使人从中感受主人淡泊名利的高尚情操和乐善好施的宽广胸怀。如主楼映碧轩的对联"映水峦光高阁暮，碧天帐影曲江春"，闲来阁的两副对联分别是"闲谈多雅致，来客尽知音"、"闲坐小窗读周易，来闻古乐奏虞韶"，清凉亭的对联"清水盈台举杯当酒醑，凉衫春袖脱笠话桑麻"等等，无不显示主人清新高雅的文采。小楼落成时，庄银安在其楼阁上亲手题书了一首表达其情怀的小诗，诗曰："楼虽小兮，堪聚

供奉于故居中的庄银安木雕像及神主牌

数贤。路虽近兮，幽雅自然。余固愿兮，畅叙我怀。所期望兮，以娱晚年。"1931年5月至1936年5月，在庄银安生命的最后五年，庄银安携侧室邱氏隐居于此，并潜心完成了民国革命史和华侨革命上一部重要的著作《缅甸中国同盟会革命史》的撰写。

　　庄银安曾说他一生最为钦佩的人有三个："取义成仁如李雁南，毁家救国如陈甘泉，誓断楼兰赍志以终如杨秋帆，功立而名不彰。"人们常说"物如其人"，"映碧轩"所折射出的主人的人品和涵养，正是一种淡泊名利，功成而名不彰的高尚情操。1928年在庄银安73岁大寿时，友人专门为其定制了一幅瓷画像，厦门名士薛一尘为画像题写了这样一首赞语："北游南海，非为人师，而诚毅所薰华夷佩之。晚归梓里，奋臂匡时，自忘其身而公利是图。斯真得天独厚大勇无私宜。……世无识与不识，闻风兴起，咸欲奉以为规。"这题赞是对庄银安一生最为贴切的总结和评价。2004年11月，厦门市人民政府将庄银安故居公布为第五批市级文物保护单位。

　　　　　　　　　　□文·图/陈娜

杜四端故居

杜四端照

　　杜四端（1859—1940），讳正，字德乾，号四端，小名九思，厦门人。清咸丰九年（1859年）生于同安县安仁里明盛乡马銮村，家中排行第四。杜四端自幼聪颖，事亲从兄，以孝顺闻名乡里。幼年在乡读过数年私塾，后因家贫无法继续读书而赴香港学习经商。刚抵港时，受雇于同乡所开的杂货店做账房助理，收入虽薄，工作却认真勤勉，因而深为店主喜爱和重用。数年后，杜四端自创商号，因其信誉好，生意非常兴隆，不久就发展成香港巨富。

　　杜四端致富后，热心社会公益事业，乐善好施，凡遇兴修道路或赈灾救济，必慷慨捐输。乡邻族亲或贫困无着或争讼不息者，辄出资力排解平息。清末，被光绪皇帝授予"中宪大夫"衔。1912年，他为潮汕水灾捐输巨款，获国民政府颁发的四等嘉禾勋章。为帮助在港的福建乡亲，杜四端捐款设立了香港福建义学，为生活困难的福建子弟提供免费教育。此外还捐资设置福建义山（坟场），为贫困乡亲提供安葬之所。香港开埠之初，常有诱骗拐卖妇孺之事，政府设保良局解救被困妇孺，杜四端以其德高望重被选举为总理。1937年抗日战争爆发后，杜四端为祖国抗日又捐献出巨额款项。由于杜四端的善举和

威望，1916年，杜四端被推选为香港福建商会会长，此后连任达20余年之久。此外，杜四端还担任香港二十四行商联合会副主席以及香港著名的慈善医院东华医院总理等职。

清光绪十四年（1888年），经商初成的杜四端回到故乡建造房舍，先后建成"杜氏小宗"、"退闲别墅"、花园、洋楼及供族亲儿童上学的私塾学校"亦陶书室"，总占地面积达1000多平方米。花园内有隐居桥、八角亭等建筑，种植了椰子树、玉兰树、洋桃、腊梅、观音竹等各式植物。20世纪二三十年代，"退闲别墅"、花园、洋楼建筑相继倒塌。现仅存"杜氏小宗"一组建筑。

"杜氏小宗"现编马銮衙宅1号，建于清光绪戊子年（1888年）。由两落大厝、双护厝、后界及回向组成，系闽南传统式居民大厝建筑，占地面积400多平方米。大厝坐东朝西，穿斗式砖木结构。第一落面阔三间，进深一间。明间内凹，形成入口门兜，中间设一道对开大门。进入大门后为前厅，左右各设一房。第二落面阔三间，进深二间，明间为正厅，左右各设前、后房，正厅中设神龛，供奉先祖牌位。护厝面对大厝，面阔五间，进

建于1888年的杜四端故居

1929年杜四端与家人在香港杜宅前合影

深一间，设三个过水廊与主厝相连，形成"顶护"、"下护"两个单元空间。"后界"面阔五间，进深一间，中间设一厅四房，抗战期间，"后界"被日军飞机炸毁。主体建筑前为宽12米、深7米的大埕，埕面为花岗岩条石铺设，西北侧设家用水井一口，井栏为雕凿八角形。大埕前设"回向"一列，面对主体建筑。回向面阔七间，进深一间。整座建筑地面室内铺红色斗底砖，庭院铺花岗岩条石。外墙墙裙为花岗岩条石砌筑，墙身为红色清水砖砌筑。脊身及檐口均设"水车堵"，"水车堵"装饰色彩鲜艳的堆塑及剪瓷贴花鸟人物图案。大厝为三川脊硬山顶，护厝和"回向"均为卷棚顶，屋面均铺红色板瓦。第一落明间设对开大门，门额置青石门匾，上镌"杜氏小宗"四字，墙身为八角形红色清水砖贴面，左右墙身中间镶嵌线雕松鹤、花鸟图青石雕。第

二落明间设隔扇门，门扇镶嵌进口彩色拼图花玻璃，这是厦门地区迄今所见最早采用进口玻璃做装饰的中式民居建筑。护厝天井设对开大门，墙身为六角形红色清水砖贴面贴面，左右墙身中间也镶嵌线雕青石雕。"回向"中间大门门额上置青石门匾，上镌"迎曦 光绪戊子年"等字样。"杜氏小宗"庭院入口设于西南侧，设卷棚顶门兜及对开大门。

光绪十九年（1893年），杜四端回家乡与他人合资兴办了銮裕纱厂，这是厦门第一家纺织厂，也是厦门最早的近代民族工业。该厂专门生产婴儿背巾和包被，从纺纱、印染到加工成品，所有工序均在此完成，其产品因质量和花色上乘而远销东南亚各国。清末民初，杜四端和家人常在马銮居住。时家乡盗贼猖獗，杜四端乃鸠资购械，倡办团练，乡人方获安宁。1931年，他在故乡修建了自己和夫人的墓园，打算百年之后归葬故乡。1940年8月，杜四端在香港逝世。时正值抗日战争期间，海上航运中断，遗体无法运回故乡安葬，因此，该墓仅葬有杜四端的原配夫人曾金壁。

□文/陈娜　图/杜祖贻　张昭春　陈娜

杜四端故居入口大门

杜四端故居大厅的彩色玻璃隔扇

黄秀烺故居

　　黄秀烺（1859—1925），字猷炳，福建晋江东石人。清咸丰九年（1859年）生于晋江深沪。自幼父母双亡，与哥哥秉猷一起生活，一起来往宁波、香港经商。哥哥不幸去世后，他转赴菲律宾，先在同乡店中当记账员，因勤勉敦厚，为一华侨巨贾所器重，并提供资金资助他发展。经过20多年的奋斗，终于成了菲律宾的富商。光绪二十五年（1899年）回国定居鼓浪屿，在厦门开"炳记行"，因其信用甚笃，获利颇丰，向清廷捐巨资，御封"中宪大夫"，二品衔。

　　民国元年（1912年），他以25万银元在家乡东石建"古檗山庄"，请康有为、蔡谷仁、陈宝琛、郑孝胥等名流显宦题词，一一镌刻藏于山庄，并拓为《古檗山庄题咏集》。

　　黄秀烺热心公益，又急公好义。他与黄奕住等人共同捐资重修泉州东西塔，奕住修东塔镇国塔，秀烺修西塔仁寿塔。出资调解安海地方械斗，劝民和解相处。发动侨胞，为建设漳厦铁路筹集资金。他怜恤孤寡，救贫济困，使许多乡人受益，因而得到大总统黎元洪颁给的"嘉禾章"，孙中山题赠的"热心公益"、"急公好义"匾额。

　　1925年，黄秀烺病逝于鼓浪屿，终年66岁，灵柩安葬在晋江古檗山庄。

　　黄秀烺建造古檗山庄后，在鼓浪屿又与同乡黄念忆出资购买了洋人俱乐部，并在其上建起5幢欧式别墅，总名"海天堂构"，秀烺拥有其中的3幢，尤其是最气派的中楼，是鼓浪屿上精彩的中西合璧仿古建筑，至今为

许多建筑设计师所借鉴。

海天堂构占地面积约6500平方米，由5幢建筑组成，砖石结构，地上2层，地下一层，于20世纪30年代建成。主入口在北侧，门楼是混凝土制成的仿古重檐歇山式，十分厚重，正对中楼，严谨的中轴对称。中轴线上的主楼为仿古中西合璧建筑，两侧为欧式建筑，全部为两层。东、西、南各有两个入口，各幢建筑都设对外的出入口。门楼有6米宽的林荫道相连，然后进入700多平方米的庭院广场而到达中楼和两侧的别墅。

中楼采用红砖柱、白泥勾缝，采用双侧面台阶步入厅堂的西式做法，使庭院十分完整。一、二层均建回廊，各厅室可直接通达回廊，独具匠心。客厅在一楼正中，主入口空间向前凸出，使客厅前廊十分宽敞，既突出了客厅的空间，又使得客厅的室内外联系得到加强。二楼的设计更加艺术化，把客厅设计成一个颇为宽敞的佛堂。在前廊上方建一个小藻井，上下联系。客厅中心正脊下又建一个大藻井，使客厅宽广明敞，大藻井下置观音菩萨一尊，供主人礼佛，颇为独特，是鼓浪屿别墅唯一的。当客厅的正门全部打开后，使客厅空间扩大为两个空间层次，并与外廊融为一体，这种空间设计是非常精到成功的！

海天堂构中楼

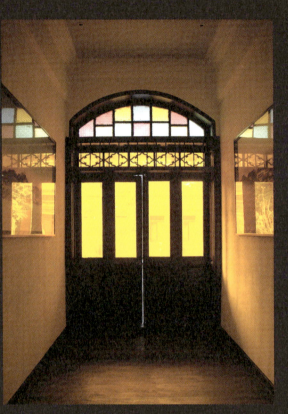

"海天堂构"的门楼

"海天堂构"的内部结构

"海天堂构"中楼的大藻井

黄秀烺故居

中楼的立面设计也十分美观，有许多独创，它采用中西技法不拘一格。屋顶为中国传统歇山顶和重檐尖攒顶并立于屋面上，美观而和谐。檐口饰物用混凝土做成闽南木雕的纹样花式，如斗拱、挂落、垂花、花盆、飞鹰饰件，檐角还饰有飞卷的春草，生动而别致。栏杆压条下的瓶柱，45度交叉的十字栏板与柱间的漏空挂落、飞罩等，又显细腻耐看。欧式构件得体自然，如花盆与垂花上下应对，形成有趣的框景。门窗的做法有欧式百叶窗、圆拱窗和中国古典式门窗，巧妙配合，显出设计师的开放和大胆！总之，中楼融中西建筑理念建筑文化于一体，既有传承又有创新，是难得的一幢精品！

在建筑材料的运用上，地产的清水红砖、花岗岩条石、筒瓦等搭配和谐，精工细作，虽是混凝土制作，仍有木雕的精美，更表现出雍容大度，博采中西文化，与时代合拍的超凡脱俗气魄。

20世纪50年代后期，海天堂构曾改作鼓浪屿区政府，中楼里的观音菩萨和佛姑搬进林氏府大楼。不久，区政府搬回旧区政府大楼，居委会和住户搬进中楼，回廊被封堵成居室，地下室也住满了人。四周的4幢别墅均出租个人或单位。21世纪初，几个单位联合将其改造，确保外形不改变，在体量不增加的原则下，开发成鼓浪屿老别墅文化展示和咖啡店、闽南地域文化演示厅等高端商务旅游项目，让其发挥新时期的风姿！

□文/龚洁 图/张昭春 白桦

黄廷元故居

黄廷元

　　黄廷元（1861—1936），号复初，马巷厅西侯乡（今翔安区马巷镇西炉村）人。自幼失怙，只在私塾读两年书就到厦门当商店学徒，由于勤奋好学，深得厦门港洪氏器重，便以女妻之。后来渐有积蓄，即往台湾学医，回厦门后自开牙科诊所，由此开始发家。

　　清末政治腐败，外侮内患。为唤醒民众，鼎新革故，黄廷元在厦门先后参与创办《福建日日新闻》、《厦门日报》，宣传革命，反对美国歧视华人。辛亥革命前夕，黄廷元由黄乃裳介绍加入中国同盟会，他参与厦门商会组织声援全国声势浩大的反美爱国运动。为了配合武昌起义，他以7000两白银支援福建学生军炸弹队。厦门光复后，先后任厦门军政府民团部长、福建省交通司路政科长、省府高等顾问、省议会会员，1914年回厦门任总商会会董。1919年厦门各界组织"保全海后滩公会"，黄廷元被推选为赴京请愿代表之一，迫使英帝国主义交出海后滩警权，维护了祖国的尊严。

　　黄廷元还是厦门近代著名实业家。光绪三十四年（1908年），他与杨子晖等人创办厦门淘化食品罐头公司，这是福建最早的罐头食品企业。同时还参与自来水公司、电灯公司、福建药房、江东制冰公司等十多家工商企

业股份。他致富后不忘社会福利和教育事业，先后捐资民立学校、公立厦门中学、普育学校、崇德女校、大同小学、大同中学和鼓浪屿平民医院。

黄廷元故居在翔安区马巷镇西炉村107号，建于民国初年。坐东朝西，三合院式建筑，前有院门，中为天井，西侧护厝（榉头）。后落为大厝，面宽11.8米，总进深11米。正面院墙及护厝为红砖墙裙、土坯砖墙堵及白灰墙面，护厝为卷棚顶。后落面阔三间11.8米，进深一间6.3米，前为檐廊，石条墙裙、土坯砖墙及白灰墙面，后堵外墙以石板顶墙加固。

黄廷元卒后归葬西炉崎头山，其墓葬1993年被列为同安县文物保护单位。

□文/颜立水　图/张昭春

黄廷元故居后侧

建于民国初年的黄廷元故居

洪晓春故居

洪晓春

　　洪晓春（1862—1953），名鸿儒，号悔庵。出生于今翔安区窗东村，清宣统元年（1909年）中举。后到厦门洪本部开高源裕粮食商行，逐渐扩展至经营信局、出入口贸易、钱庄等行业。发迹后致力于振兴家乡经济文化建设，曾集资倡筑窗东、蔡浦两村海埭，发动村民垦埭耕种，以缓解当地人多地少的情况。又在窗东埭建轮渡码头，办轮船公司，繁荣家乡经济。

　　从清末到抗战爆发，他长期担任厦门商会总理、会长、主席达二十年之久。期间他大力推进厦门市政建设，发动华侨和地方人士投资改造旧城区。

　　他热心文教公益事业。参与创办启智学校（马巷中心小学前身）、窗东小学，担任厦门大同小学、民立小学董事长，并被公推为厦门教育会会长和慈善机构"益同人公会"名誉会长。

　　洪晓春早年参与领导厦门各界收回海后滩运动。抗战爆发后，他任厦门各界抗敌后援会劝募部长，带头捐款，并动员商人输财救国，支援前线。1938年5月13日厦门沦陷时避居香港，日本特务头子、"全闽新日报"社长泽重信追踪到香港，想威胁利诱他回厦任伪维持会长，遭其严辞拒绝。为摆脱纠缠，他先后避居越南、新加坡、马

来亚，改名换姓隐藏民间，但仍在马来亚沦陷后被捕入狱。因不愿回厦出任伪职，受尽折磨，直到日寇投降才出狱。

1946年10月，洪晓春经新加坡、香港回厦，厦门民众自发到码头迎接。第二天在厦门各界为他举行隆重欢迎会上，洪晓春受聘为厦门商会名誉会长。市商会、教育会等九个团体联名上书国民政府，列举其感人事迹，请求给予嘉奖。1947年5月，国民政府颁发"忠贞爱国"匾额褒扬。1950年，毛泽东主席亲自签发文件，任命他为福建省人民政府委员，福建省人民政府聘他任省工商联筹委会主任。1953年1月4日病逝于厦门，享年91岁。

翔安区窗东村，西南与厦门岛和集美隔海相望，交通便利，自古以来就是海洋贸易较为发展的地方。窗东是洪晓春出生、成长的地方，这里还保存着他的故居。清末民初，他迁居厦门洪本部之前一直居住在这里。

洪晓春出生的房屋，由他父亲洪肯堂建于清代晚期，是一座坐西北朝东南的砖石木结构两落平屋，硬山屋顶，右边有一列护厝，马鞍脊屋顶。主体建筑面宽约16米，进深20米。房屋前有宽敞的庭院，约有100多平方米，中间有一口水井。房屋没有太多的华丽装饰，没有精美的木雕、石雕

洪晓春出生的这座大厝，是他的父亲所建

洪晓春自建大厝正门

和彩绘。但因只有一户后代人在此居住，因此维护较好，干干净净的，让人感觉十分清爽。

闽南传统做法，房屋下部的裙堵是灰白色的花岗岩，大约有墙高的2/5高度。牌面墙的身堵和龙虎堵原先的泥雕已毁，现被抹上白灰。镜面墙水车堵的泥塑、剪粘构成的装饰带也已遭破坏，但牌面墙的水车堵上以彩绘为主的装饰带保存较为完好。镜面墙的身堵为空斗砖。

下落为门厅和两侧两间下房。天井两侧的榉头是厨房。顶落正厅前原有木隔扇已经不见。厅墙的下部是空斗砖，上部是白色灰墙。后墙的板壁油漆已经脱落，靠墙是供桌。厅的两侧是四间前后厢房。

洪晓春自建的大厝

洪晓春于清宣统元年（1909年）中举人的牌匾

　　子孙巷两侧各有一门，一门通往屋外，一门通往护厝。过水廊将护厝、天井分为两段，护厝有外开的门。

　　洪晓春自己建的住宅离这座房屋后面不远。建于清代晚期，具体时间不详。这是一座两落双护厝砖石木结构传统民居，坐东朝西，面宽17米，进深18米。另有宽度约4米的庭院。建筑物基本保持原有的规模，除了多一列护厝外，其他与其父所建房屋布局、面积基本相同。但木雕、石雕等装饰较为丰富，可见当初的繁华。然而现在因房屋内住户较多，维护不善，建筑物显得较为陈旧，木结构油漆脱落，甚至破损之处也随处可见，已失去了往日的辉煌。

　　长条形的庭院内有一口水井和一个置放于地上的花岗岩洗衣池。庭院前是别人家房屋的后墙，不知是后建的，还是原来就有。庭院两侧有大门，但仅余石门框，原有的门扇均不存。

　　故居系硬山屋顶。大门上方花岗岩门额上有"大夫第"三字楷书。牌面墙的裙堵上镌有精致的浅浮雕花卉纹。牌面墙及龙虎堵的雕刻装饰已遭破坏。故居正面除大门外，还有两侧护厝的两个小门。门厅木结构已十分陈旧，油漆脱落。榉头以砖砌成，也是下部空斗砖，上部为灰墙，灰墙上有一个石框窗。

　　正厅前木隔扇虽然还在，但已十分破旧。厅后板壁部分还保存着一些较为精细的木雕，但看起来十分陈旧。厅内无木构架，两侧砖墙，下部是空斗砖，上为灰墙。房屋内因住了许多住户，因此显得十分杂乱，摆放了许多杂物。两侧的护厝为马鞍脊屋顶，都挤满了住户，护厝因而被分割成两房一厅和一房一厅的布局。

　　　　　　　　　　　　　　　　　　□文·图/谢明俊

陈喜亭故居

陈喜亭（1865—1928），名雨，字喜亭，同安区祥平街道过溪村下魏里人。喜亭自幼丧父，随母改嫁于同安城关关帝庙旁的曾姓。自幼习儒，聪明过人。16岁出洋新加坡，在海澄（今龙海）人林秉祥、林秉懋兄弟创办的和丰公司当伙计，因工作勤恳，人又聪明，后升至经理，掌管公司的经营。清末，航运业在新加坡是十分赚钱的行业，喜亭投资参股创办"和丰轮船公司"。和丰公司购得"丰茂"、"丰华"、"丰远"三艘轮船，经营新加坡—厦门航线，收入颇丰。陈喜亭淘得下南洋的第一桶金，完成了由职员到老板的飞跃。

当了老板的陈喜亭在经营事业的同时热心公益，乐善好施。清末，同安很多穷苦人下南洋谋生，初来乍到，许多华工生活没着落，喜亭得知，便伸出援助之手，无私赞助，直到找到工作为止。热心公益，乐于助人，事业又如日东升，欣欣向荣。这时期的陈喜亭，在新加坡和故乡都有一定的知名度。1906年新加坡华人商务总会成立时，他被推荐任新加坡华人商务总会首任宣传部长。

清末，资产阶级民主革命之风在神州大地风起云涌，这股风也刮到新加坡。他积极支持孙中山、黄兴等人的同盟会。辛亥武昌起义后，他奔走四方，积极联络，与鄂军都督黎元洪、湖北官钱局总理魏之纲、武昌中华大学校长陈时等一批军政名流交情甚笃，积极支持资产阶级的民主革命。辛亥革命后，福建军政府成立，省库空虚。陈嘉庚在南洋组织募款，为福建军政府提供财政支持，陈喜亭作为陈嘉庚的得力干将，积极劝募闽帮

商号，募得款项30多万元电汇福建都督府。1916年，袁世凯复辟称帝，蔡锷在云南举旗讨袁护国，军费短缺，陈喜亭为筹军款在南洋侨界奔走呼号，立下汗马功劳。陈喜亭为民主革命做出的贡献，赢得一大批有识之士的赞赏，民国初期的海军上将、福建省长萨镇冰等一大批军政大员，均著文赞扬。1917年，黎元洪总统授予陈喜亭五等嘉禾勋章。

1928年9月，陈喜亭在新加坡去世，享年63岁。有一无名氏为悼念他对社会做出贡献赋诗一首，诗云："回首中原万里云，明公海外久宣勤。任兼劳怨常分我，事到疑难只赖君。收拾侨心培国脉，力扶正气清妖氛。大名早知胜诸葛，休负邦人属望殷。"诗中对他的一生做了总结。

建于1915年的陈喜亭旧居

陈喜亭旧居全景

陈喜亭旧居的墙身装饰

陈喜亭旧居的精美砖雕

陈喜亭的故居在同安区祥平街道过溪村下魏里9号。下魏是个灵秀之地,汀溪水蜿蜒从村前流过,两岸描不尽田园秀色。故居坐北朝南,背依文山,面朝汀溪水,汀溪水在东庄山遇阻后,拐个弯与莲花溪汇流朝县城流去,在东庄山脚下留下个深不见底的水潭,据传水潭底下有个洞直通东庄山顶。东庄山上石头嶙峋,千奇百态,清康熙进士陈睿思曾在山上建有澹园别墅,现在山顶尚有摩崖"澹园"行楷书二字和陈睿思及子肇伟七律诗石刻。

陈喜亭故居为两进双护龙的大厝,大厝前围有大院,主厝面阔23米,进深20.6米,大院宽23米,长11.6米,总占地740.6平方米。硬山布瓦顶燕尾脊。陈喜亭故居建筑颇为精美,门庭装饰以交趾陶为主。交趾陶艺术在这里发挥得淋漓尽致,门墙装饰花鸟瑞兽、鱼龙人物。如果说交趾陶把故居装扮得美轮美奂,那么陈喜亭故居中的名家画作和书法摹刻则堪称民国初年的书画艺术馆了。故居有同安本地书画家高峻的梅花喜鹊图,有清末名人康有为题字"有才子显亲扬名",书画家伊秉绶之子伊玉勋作"绎山碑",书法家郑孝胥:"寻幽得到禅林静,乘兴还来泮水东",以及清末武状元黄培松、民国初年福建省长萨镇冰、云南护国联军司令唐继尧、厦门道尹吴山,新加坡名流邱菽园、林文庆等,均与陈喜亭有文字交往。

陈喜亭故居建于民初,1914年竣工。故居建成后,原总统的黎元洪赠牌匾一方,牌匾上署喜亭侨商,中间正文为"宣勤海外",落款为黎元洪题,并有两方印章。

□文/洪文章　图/陈娜

林云梯故居

　　林云梯（1866—1918），厦门禾山前埔人。清同治五年（1866年）出生于同安县嘉禾里前埔村（今厦门市思明区前埔）。自幼家境贫寒，10岁时，父母双亡，举目无亲。随后，流浪到厦门市区，以沿街叫卖油条为生。13岁时，幸得一旅菲华侨收留并将他带到菲律宾的商铺中当伙计。十多年后，林云梯自立门户，经营棉布业，因经营得法，很快便在商界崭露头角，其经营的"胜泰布庄"规模巨大，曾一度获菲律宾"棉布大王"的美誉。

　　致富后，林云梯始终不忘自己家贫失学的童年生活，总是以极大的同情心关心、救助处于贫困中的弱者。林云梯在菲律宾曾捐资创办了普智学校，专门招收贫苦学生免费上学。此外还长时间资助菲律宾华侨教育会、马尼拉华侨公学和泉州西隅学校等。在菲律宾经商期间，林云梯曾担任过菲律宾善举公所董事、菲律宾教育会董事等职。1918年，林云梯病逝于菲岛，遵其遗嘱，遗体运回厦门安葬。

　　林云梯育有六男三女。1920年，其子林聚光为纪念父亲，捐资在故乡前埔村创办了云梯学校。该校是一所包括幼稚园、小学、初中和中等职业教育的综合性学校，贫穷乡亲的孩子均可免费上学。1938年5月日寇占领厦门

林云梯

后，学校被日军拆毁而停办。

林云梯故居又称"林氏小宗"，位于思明区前埔村，现编为前埔村206号。故居建于清光绪三十一年（1905年），由一座三进大厝和一列护厝组成，通面阔24米，总进深48米，占地面积1000多平方米。大厝坐北朝南，穿斗式砖、石、木结构，马鞍脊，硬山顶。第一进面阔三间，进深一间。明间内凹，形成入口门兜，中间设一道对开大门。进入大门为前厅，左右各设一房。厅内两侧墙裙镶嵌花鸟图案的红色砖雕。第二进面阔三间，进深二间，明间为正厅，次间各设前、后房。厅中央设木雕祖龛。紧贴第二进墙后建有一卷棚顶四柱凉厅。第三进面阔三间，进深二间，明间为后厅，次间各设前、后房。每进建筑间以天井相隔，天井两侧分别建有东西厢房，合围成四合院状。西侧建护厝一列，设四个过水廊与主厝相连，形成三个单元空间。顶护和下护均为两房一厅，中护为两房一厅和一房一厅。大厝及护厝均为马鞍脊硬山顶，屋面以红色板瓦铺就。大厝脊身装饰色彩鲜艳的花鸟纹剪瓷贴。室内地面铺红色斗底砖，天井铺设花岗岩条石。

建于1905年的林云梯故居

林云梯故居正立面　　　　　林云梯故居入口大门　　　　护厝马鞍脊山墙上的西式装饰

　　综观林云梯故居，具有以下三个特色：一是建筑装饰既精细又丰富，汇集了闽南古建筑所有装饰手法。故居除采用大量石雕、木雕、砖雕装饰外，还有彩绘、堆塑、砖嵌、水磨、剪瓷贴及绿釉镂空砖等装饰。如建筑第一进立面墙上，从墙裙、墙身到檐口，均镶贴雕刻精细的花岗岩和辉绿岩石雕，布局上以辉绿岩为主饰，花岗岩为配饰，青白相间，令人赏心悦目，此为闽南建筑的最大特色。雕刻形式多样，包括浮雕、透雕、圆雕及线雕等多种技法，雕刻题材也极为丰富，有人物故事、花草鱼虫、异兽珍禽等，造型栩栩如生。据传，20世纪50年代，陈嘉庚在兴建集美鳌园时，曾派石雕工匠来此参观取经。在第二进及第三进立面墙墙身及檐口，则全部装饰堆塑及剪瓷贴画。即使是厢房及护厝等次要建筑，主人也做了精细的装饰，如在厢房墙身是以红砖做拼嵌装饰，在护厝墙裙则做彩绘水磨装饰。二是主人善以中国书法为装饰，使建筑充满了传统文化的气息。在建筑的墙身、墙柱、门柱和门楣，镌满了楹联及诗文。书体行、楷、草、隶、篆俱全。内容或为个人抒情咏志，或集古诗词名句。在大门左侧的墙心上，主人镌刻了教育后辈的文句，其内容是："凡为人子弟，须是常低声下气，语言详缓，不可高言喧闹，浮言戏笑。父兄长上有所教督，但当低首听受，不可妄大议论。长上检责，或有过误，不可便自分辨。"由此，主人的品德和追求可见一斑。三是在建筑的次要部位，大胆采用部分西方建筑材料和装饰图案。如建筑铺地的用材，主人在檐廊、凉厅及护厝过廊等处采用了当时最时髦的彩色进口花砖铺设，花砖样式多达四五种。在护厝山墙处，则用泥灰堆塑一只足踏球体的飞鸽，左右两侧簇拥一对展翅欲飞的卷发男童天使。庭院入口则建成西洋式的牌式门楼，顶部做成双曲夹尖角状，立面堆塑蔓草簇拥的盾形花头，檐口角线做层层收分。该故居可称为厦门最早的中西合璧式建筑，是中国传统建筑向近代建筑过渡的早期作品。

□文·图／陈娜

周殿薰故居

周殿薰

周殿薰（1867—1929），字墨史，号曙岚，厦门杏林人。学识渊博。1885年被聘为玉屏书院大董，主管书院行政。1897年中举人。1904年起兼任地方慈善机构同善堂总董，1908年任厦门最早的中学—厦门中学堂董事会会董兼教员。1910年，被地方官方保送入京会考，获殿试一等，被任命为吏部主事，不久以国事日非辞官回厦，执教同文书院。辛亥革命后厦门光复，被推选为厦门参事会副会长，与当地绅商共同维护社会治安。民国初年设参、众两院，地方长官以巨资怂恿他应选，他婉言推却。1920年倡办厦门图书馆，任馆长十年，不领薪水。曾赴上海募捐建馆经费及搜集旧书，添置新书，充实图书馆藏书。其间应聘任厦门同文中学校长时，对学校进行改革，改变此前该校偏重英语教育的情况，使学校注重中国文化教育。曾任思明县（设市前的厦门）修志局局长，为厦门地方志的编纂做出贡献。还曾组织鹭江诗社。著有《棣华吟馆诗文集》、《诗经汇事纂编》（未刊行）。其兄周殿修，曾任厦门官立中学堂监督五年，培养了无数的学生。文章纵横博辩，诗词神韵悠然。

周殿薰故居位于今周宝巷42号，建于民国时期，是一幢砖木结构中西合璧的二层建筑，坐西北朝东南，占地

中西合璧的周殿薰故居

面积180平方米。虽然建筑物的外观是西式风格，但在内部却依然采用中国传统建筑的装修。这种民国时期风格的建筑在厦门保存较多，它融合了中西不同的文化内容，形成了自己的特点，成为厦门建筑的魅力所在。

小巷深处的故居，前方一道围墙，石灰抹墙，历经岁月，显得古朴稳重。踏上五级梯形台阶就是正门，不大的两扇门扉上仅剩一个门钹，门环也已不见。原来悬挂于门边的"周墨史寓"蓝底白字搪瓷牌，早已经被

周殿薰故居外观

周殿薰故居庭院内以整块花岗岩雕成的天干地支井栏

现在的主人取下收藏起来。进入正门，在花草茂盛的庭院内，有一口古井静静地躺在围墙边。这是一口用整块青斗石雕成的有十二棱的井栏，井栏上边刻着篆体的"天干"："甲、乙、丙、丁、戊、己、庚、辛、壬、癸"及楷体"七音""宫、商、角、变徵、徵、羽、变宫"。井栏边则上刻着篆体"地支"："子、丑、寅、卯、辰、巳、午、未、申、酉、戌、亥"和楷体"十二律""黄钟、大吕、太簇、夹钟、姑洗、仲吕、蕤宾、林钟、夷则、南吕、无射、应钟"。由于这些雕刻，使普通人家都使用的水井，成了一件艺术品。现在大家都用上了自来水，井里的水只用来浇花，冲洗庭院，但井水依然清沏。庭院内种了很多花草，有许多大大小小的花架，一只大陶罐子里还养着一尾尾金鱼。

两层的建筑显示着西洋建筑风格，楼的正面可见一、二楼各有五个连续券门，以一大一小的形式排列。中间的券门是通道，其他则是以绿色硫璃瓶围成的护栏。两道券门之间的墙体部分以阴刻弦纹装饰。从庭院踏上两级台阶经过走廊就进入一楼正厅。厅有四扇格扇门，门扇上雕有漆金花瓶和缠枝花卉及人物故事，至今保存完好。主人在门扇

周殿薰故居厅格扇门上的漆金木雕

外再加上一层活动门板，将它罩上就看不到里面的门扇，起到了保护这些精致艺术品的作用。只有遇到节日或重大活动等才将外面的门板取下，展现它金光闪闪的风采。厅内地上铺设红砖。厅中摆放一张长条桌及四张椅子，是周殿薰当时接待客人的地方。厅两侧则各有两间房。厅后的两侧各有一道门，厅后墙与外墙之间还有一个宽约两米的"寿堂后"空间。左边有楼梯可通向二楼。另有一道门通向外面小小的阳台。

厅前的檐廊上有一道楼梯占据着走廊的左侧。窄窄的木楼梯呈"V"字拐角通向二楼，梯层木头经无数次踩踏已经磨损得很严重。二楼走廊的栏杆已被水泥堵塞，看不见里面的硫璃。顶上的木梁也呈现腐蚀状态。二楼厅的门扇经重修上部已换成玻璃，没有一楼那样进行雕刻，而是代之以玻璃。二楼的平面布局如同一楼。从二楼的阳台望去，后面是一幢两落的古民居。故居的屋顶是双坡瓦顶，但在楼的前后部分予以收缩，形成前后平台。两侧与墙平。山墙的位置上有一个圆形的百叶窗户。

由于旧城改造，周殿薰故居已在2006年3月被拆除。雕花门扇和井栏等建筑构件已由厦门市博物馆收藏。

□文·图/谢明俊

黄奕住故居

黄奕住

黄奕住（1868—1945），名住，小名阿住，大名奕住。福建省南安县金淘人。清同治七年（1868年）十二月生，1945年6月在上海逝世，享年77岁。中国中南银行创始人、董事长。曾任厦门总商会总理。

黄奕住少年时曾是走村串乡的剃头匠，1885年春，赴新加坡打工，为码头上的华人剃头，人称"剃头住"。1888年，转往印尼爪哇三宝垄，将剃刀锉残后，连同理发工具一同沉入太平洋，赌咒发誓不再剃头，改行挑货郎担。

不久，在三宝垄花旗银行前摆摊卖咖啡。1891年，创立"日兴杂货店"，后改"日兴商行"，主营蔗糖卖买，兼营进出口贸易，至1897年，他已拥资百万盾。接着，将商行改为股份公司，建造"日兴商业大楼"。至1917年，他的资本扩大到约1500万盾，成为印尼爪哇四大糖王之一。

1918年，荷印政府命令黄补交"一战"期间的税收，相当于他总资产的42%，同时又诱黄加入荷兰籍或日本籍以免交补税款，黄对此"深以为耻"，严加拒绝，于1919年4月5日，携2800万美元回到祖国，定居鼓浪屿。

黄奕住回国后，业务做了战略转移，投资金融业和

房地产业。1921年在上海创设中南银行，国内外有12个分行、支行、办事处，参股厦门商业银行、菲律宾中兴银行、新加坡华侨银行、香港东亚银行、合组诚孚信托公司，出任太平保险公司董事长。

他独资成立"黄聚德堂房地产股份公司"，在鼓浪屿就建成160幢楼房。他还投资铁路、汽车，开采闽南矿产；投资上海、天津、广州的纺织、毛纺、化学、水泥、矿务公司。建设厦门自来水，投资厦门和漳州的电话公司。

他在南安老家、厦门鼓浪屿、新加坡、印尼三宝垄建造了许多小学、中学、图书馆、医院。捐助上海复旦大学、上海暨南大学、北京大学、南开大学、岭南大学、厦门大学等，为中国的教育事业做出贡献。他还捐巨款救济中国南北各省的水灾、旱灾，造福人民！

他的故居黄家花园，是由南楼、北楼、中楼三幢豪华别墅组成，坐落鼓浪屿石勘山之麓，现编晃岩路25号，是1919年至1925年建成的。它的中楼十分豪华，当年被誉为"中国第一别墅"，其建筑艺术特色是：

黄奕住故居

漳州路的黄家花园

1.精巧的设计

中楼的建筑面积约520平方米，原为"德记"洋行"二写"（副经理）的宅第，黄奕住拆旧建新，请来中外建筑设计师进行精心设计，由上海的营造公司精心施工。

设计师将欧陆建筑、东南亚殖民地建筑的诸多元素结合起来，设计成二层加半层地下室、宽回廊、前后大阳台的高级别墅。第一层四面回廊，后廊为半弧形宴饮厅，其下就是地下层；中厅为全赤楠客厅，二间接待室，一间台球室，一个青铜壁炉，一间卫生间；二楼的中厅为家史室，连着前阳台，四间卧室，三间卫生间，一间闲谈室连着后阳台。使用全大理石楼梯。厅卧、娱乐、休闲、宴饮配搭得十分合理有序，把520平方米的面积全部有效地利用起来，十分精巧。

2.优越的环境

黄家花园选址石勘山麓缓坡顶上的台地，有居高临下的气势。中楼比南北二楼后退20米，三幢别墅形成优美的半合围的地理态势。站在前阳台，坡边的洋人球埔就在脚下，前方目光所及的众多洋房均在俯视范围里，有一览众房小的感觉，心情顿感愉悦。踱步后阳台，日光岩、港仔后金带水、九龙江出海口尽在怀里，高天远海白云飘，心胸宽广了许多，郁积之气立即舒缓。坐在一楼的后廊里，休闲品茗，聆听帘外榕林里的蝉鸣鸟叫，悠然自得。楼前1.2万平方米的花园，高密的榕荫掩映着三幢别墅，形成幽静高洁、天人合一的和谐自然环境，确是一处风水宝地。他为了打理好花园的花卉树木，特地请来三个漳州籍、三个福州籍的花匠，专门护理福建南北的花树品种，以保证别墅常年保持绿树华盖、鲜花常开的绿色环境！

3.高档的建材

一楼的双向步阶、回廊地面、整座楼梯、扶栏、二楼内廊扶栏均用意大利白玉大理石，精工抛光，仅此一项，就耗银20万，为南、北二楼造价的两倍多，至今光可鉴人。此在厦门、闽南乃至整个福建是唯一的，凡住过中楼的中外政要，无不交口称赞！

门、窗、楼楹、护墙及家私均为进口赤楠，特别是一楼中厅的天花板、四壁墙面、地板均用赤楠做成楠木厅，殷实豪华。所有窗户使用进口压花玻璃，还特意加装乳化毛玻璃镌刻花窗，十分高雅美观。

4.豪华的装修

英式落地门窗均装百叶，台球室内特设青铜壁炉，显示欧式古典美，配以博古架上的高级古玩，反衬出中国的传统美。窗上挂丝绒长幔，地面铺纯毛地毯，幔外是刻有三国、水浒、西厢、红楼等中国古典文学名著的人物故事的乳白毛玻璃，高雅而不凡。尤其是回廊上剁斧廊柱间悬挂丝绒长幔后，似乎把整座别墅包裹了起来，幔外看不到幔内的活动，而幔内却可清晰看到幔外的景物，极富神秘感！

室内许多地方挂有明镜，镜框楣上刻有剃刀、须刷、掏耳筒三件理发工具，示意子孙后代不忘先人创业之艰辛，体现出"剃头住"的良苦用心和家教的传统。此外，还配挂油画，装欧式灯饰，特别是当年鼓浪屿专供白领、洋人、教士玩的台球，除洋人俱乐部有此洋娱乐外，只有中楼设了专门的台球间，表现出别墅主人的情趣，已是中外古今结合，华丽典雅时尚了。

5.独好的风景

黄家花园的景观设计颇为独到，三幢别墅掩映在榕荫里，1.2万平米的花园里，福建南北的树木、花卉应有尽有，还有我国北方也少见的椰榆、柏枣、香椿，长年花果飘香，形成个性化的景物，胜于鼓浪屿所有别墅的庭院。

二楼的前后阳台，护栏设计与众不同，其他别墅的护栏大多使用红土或琉璃陶瓶，或青斗石雕瓶。中楼别出心裁，使用钢质重叠十字结构的白色护栏，看虽简单，却极大方，有潇洒脱俗之感，与山花、窗门雕饰和谐匹配，与外部环境协调一致，显示出中西文化融合的艺术美，为晨练、吸氧、会客、观景营造了极佳的氛围。站在阳台上，宛如站在鼓浪屿的中心点，俯仰环顾，高天远海，白云金带水，绿荫日光岩，九龙江、南太武尽揽于怀中，精神爽极了！

□文／龚洁　图／白桦

黄世金故居

黄世金（1869—1937），名庆元，又名黄榜，字世金，祖籍福建泉州，出生于厦门，是厦门现代著名的工商实业家。早年受私塾教育，年轻时在厦门富商黄书传的仁记洋行当伙计，因聪明干练而受赏识。后得黄书洋资助，经营"建源钱庄"，从此开始，事业蒸蒸日上，在厦门工商界占有相当地位，1912年到1920年间历任厦门商会协理、总理、会长领导职务达八年之久。1920年，厦门成立市政会，由林尔嘉、黄世金、黄廷元、洪晓春、黄奕住、黄仲训、林文庆、李禧、周殿薰、王人骥等厦门知名人士31人组成，林尔嘉任会长，黄世金任副会长，组织富商及华侨投资市政建设，推动了厦门城市建设的发展。

黄世金

在地方公益事业和教育事业方面，黄世金也做出积极贡献。他曾担任厦门"三堂"（慈善机构）董事，长期董理"三堂"业务。曾创办厦门鸿麓学校，并被推举为厦门同文中学董事长，为两校教学事业的发展做出一定贡献。

1919年五四运动时，他态度坚决、旗帜鲜明地带领商界支持学生爱国运动，并以罢市相声援。同年，又和厦门教育会一起领导反对英国侵占海后滩的斗争。1916—1920年，带领商界人士和厦门人民一道，为反对日本在厦

黄世金建的孝阙增光牌坊

黄世金故居外门

擅设警署、侵犯我国主权，坚持斗争达数年之久。1920年黄世金任厦门商务总会会长期间，参与策划、筹备《厦门商报》，并于1921年元旦出版、发行。1925年五卅运动发生后，作为商会的四位代表之一，参加"厦门国民外交后援会"，发动各界联合举行反帝游行示威。

在厦门市政建设及民族工业起步阶段，黄世金曾做出积极的贡献。1911年，与他人筹资白银15万元，创办厦门电灯电力股份有限公司，任副董事长。次年，电厂建成投入生产，扩股后成为最大股东，转任董事长。1924年，又与黄奕住等筹资200万银元创办自来水公司，为第二大股东，任副董事长。1926年，自来水公司开始向厦门居民供水，1932年开始向鼓浪屿居民供水，基本解决了厦门居民的饮水问题。此外还大量投资厦门房地产和厦门淘化大同股份公司、东方制冰公司及上海电气厂等，长期担任淘化大同董事。1937年10月，国民党驻军以自来水公司向停泊在厦门港的日本军舰供水为由，将黄世金（时任该公司副董事长）逮捕，次日解赴福州，同年12月28日被加以汉奸罪名枪决，财产被查收。抗战胜利后，国民政府多次电令福建省政府、厦门市政府归还其财产，但未见执行。

黄世金故居现位于普佑街44号之五、之六，建于1916年。原黄氏家族建筑群范围包括黄世金故居、胞弟黄世铭故居、其父黄传昌居住的一座古厝、亲戚住的一座古厝、黄氏祖祠以及后花园等，总占地面积约5000平方米。建筑群均为坐西北朝东南。现保存较好的是黄世金故居和黄世铭故居，黄传昌

古厝也基本完好。亲戚住的古厝和祖祠已被拆除。2006年市政府对中华街头区进行整体改造，故居建筑群除黄世金故居和黄世铭故居外，其他都将被拆除。

　　故居是三幢以天井相连的砖混西洋式建筑，如闽南传统建筑的三落。其中前楼、中楼二层，后楼三层，楼间均有一个天井。黄世金故居原是一座三落的传统古民居，后因发生了火灾，将房屋烧毁，黄世金遂在原建筑的基础上建起了现在的三幢西洋式建筑。其弟黄世铭故居也同时在右侧兴建。此时黄世金还重修了祖祠，在其建筑前增建了称为"小楼"的一排平房，供佣人居住。将后方辟为后花园，建有假山、鱼池和用来接待客人的一座平房"八卦楼"及私塾等。在祖祠前兴建一座花岗岩牌坊。牌坊为四柱三间，坊额上镌刻"孝阙增光"四字，上款为："大总统题褒"，下款为："福建才子黄传昌，

黄世金故居前楼侧面

黄世金故居后楼侧面

中华民国五年九月。"中有印章"荣典之玺"。根据时间分析，应是黎元洪总统所题。坊额两侧有两尊浮雕神像，雕工精细。坊门两侧则镌刻民国八年（1919年）福建督军李厚基题写的对联："江夏宗风千秋名不朽，中华褒典百行孝为先。"和厦门道尹陈培锟题写的对联："荣问策名保世滋大，孝思锡类垂后无疆。"书法、雕工均属上乘。

建筑群有两道门，两门相距十多米，均为西洋风格，上有泥塑卷草纹。进门后首先是"小楼"，位于门的右侧，也位于整个建筑群的前方，与建筑群相对而立，如传统闽南民居的倒座，是一座长27.2米、宽3.6米的红砖平屋。建筑群从右到左的排列是黄世铭故居、黄世金故居、黄传昌古厝、一座古厝和祖祠。

黄世金故居面阔15米，总进深44米，占地面积约660平方米，他和五子一女住在这里。故居使用原来古厝的基础及墙裙部分。一层的正立面仍采用传统建筑的红砖墙，屋顶是双坡瓦顶。一楼门前的走廊正面墙以空斗砖装饰，两侧廊墙，一边镌刻着己未年（1919年）硕士柯荣试题词石雕，边框有浅雕花卉纹，十分精美。另一边是松鹤图石雕，无论雕工、画工都具有一定的艺术水准。大厅内部是传统民居装修，其中的彩绘绘工精致，美不胜收。四扇窗户的进口玻璃上都绘着国画牡丹、梅花、荷花等花卉。厅两侧分别有两间房。二楼结构与一楼相同，但在二楼的左侧山墙处有一个小小的阳台。阳台的支撑柱为水泥竹形。

经过一个天井，就是中楼。黄世金就居住于该楼的二楼。现仍可看到有较多的西洋风格装修。如西洋式柱子、进口墙砖、地砖、玻璃等。屋顶为平顶，四周围以栏杆。后来住进来的住户在上面搭盖了许多违章建筑。天井两侧有门与外面相通。后楼之前也有一个天井，后楼屋顶为马鞍脊。

三幢楼的侧面即山墙部分，都有较多的窗户，窗户上有一道弧形的装饰，类似今天的遮阳棚，属西洋式风格。山花的位置有窗户，窗户两边为卷草纹。

黄世金故居采用了西式建筑的外部风格和中国传统风格的内部装饰，融合了中西两种建筑文化，是民国时期厦门具有较高建筑艺术价值和人文价值的建筑物。

□文·图/谢明俊

林文庆故居

　　林文庆（1869—1957），字梦琴，福建海澄县（今厦门市海沧）鳌冠人，清同治八年（1869年）生于新加坡一华侨家庭。幼年父母双亡，由祖父抚养成人。先在福建会馆附设的学堂读四书五经，后升入新加坡莱佛士学院，1887年因成绩优异，获英女皇奖学金，是获得该项奖学金的第一个中国人。毕业后，赴英国爱丁堡大学攻读医学，获内科学士和外科硕士，受聘剑桥大学研究病理学。

林文庆

　　1893年，创办新加坡第一所女子学校。1904年创办英皇爱得华医学院，被授名誉院士。历任新加坡立法院华人议员、市政府委员、内务部顾问、新加坡中华总商会副会长。1911年代表中国出席伦敦"第一次世界人种代表大会"和德累斯顿"世界卫生会议"，一度出任伦敦中国公使馆的秘书。

　　1906年，林文庆加入同盟会，他带头剪掉辫子，反对妇女缠足，反对吸食鸦片。1912年应孙中山电召回国，任孙的秘书和医生，旋又任临时政府内务部卫生司长（实为总长）。1916年出任外交部顾问。

　　1920年，林文庆与黄奕住等合资创建"和丰银行"和"华侨保险公司"，成为新马华人金融业的先驱。

　　他还引种巴西橡胶成功，被尊为"南洋橡胶之父"

20世纪20年代初陈嘉庚先生（左一）和来自新加坡华侨知名人士林义顺（中）等，由厦门大学校长林文庆（右一）陪同视察、参观厦门大学时留影

。1921年，林文庆接受陈嘉庚的聘请，到厦门大学担任校长达16年。1937年厦大改为"国立"后，林文庆返回新加坡。1957年元月逝世，终年88岁。

他的主要著作有英译《离骚》、《从内部发生的中国危机》、《儒教观点看世界大战》，编辑英文周刊《民族周刊》等。

鼓浪屿笔架山顶的一幢依山而筑的欧式别墅，就是林文庆博士于1921年修建住了16年的住所，现编笔山路5号。

别墅挺立于笔山顶，可环顾厦门市区、篑笪渔火、厦门西海和九龙江出海口金带水海域，视觉十分宽广，是一座理想幽雅的高级别墅。别墅为二层加地下隔潮层，中西结合，依主人意愿设计。立面也不是一个平面，而是按地形错落，自由而随意。别墅前有长长的双向花岗岩蹬道直上前厅，西蹬道依花岗岩壁而行，设计颇为独到。前厅入口边有一棵茂密的千年樟，掩映厅口。前厅的屋面是二层宽敞的大平台，连着后面的居室。林文庆晨昏可随心所欲步出卧室，远眺厦门鼓浪屿景色，舒筋健身，环顾西海域闪砾的海面和"筼筜渔火"美景。也可在此接谈、散步、纳凉、吸氧、养花，观赏九龙江入海口的海天一色！

别墅的厅室和副楼也按林文庆的需要设计，卧室、书房、琴房分配均十分合理，温馨可亲。尤其是它的卧室，处于绿色的掩映里，空气特别清新。夜深人静时分，还可隐约听到远处的海涛声，牵人入梦。装饰也颇有文化气息，油画、钢琴、榉木地板，高雅洁净，一派高级文化人的生活环境！别墅右面是一副楼，特别宽敞，既可用于宴饮，又可与同学们切磋，风雨无忧。林文庆在这里过着"谈笑有鸿儒，往来无白丁"的儒雅生活，为他留下难忘的记忆。

建于1921年的林文庆故居

别墅的花园颇有规模，各色鲜花长年开放，为林文庆增添了不少好心情。浓密的榕荫，掩映着别墅的前庭和那条颇有特色的花岗岩蹬道。园中的小径和休闲园心亭，把别墅扮得更有乡间情致。当林文庆步上蹬道俯视花园时，一天的劳累均得到释放，顿时有一种安逸的归依感。这确实是林文庆独具匠心选择了一处幽静优雅、远离喧嚣、与鸟蝉共眠、宛如山村别墅的桃花源环境！

林文庆在这里按照陈嘉庚的意志，运筹厦门大学的建设和发展，接待师生，处理因他提倡"读孔孟的书与保存国粹"而发生的"驱林"学潮。由于他和陈嘉庚的坚持，导致欧元怀等九名教授带200学生离开厦大，到上海另起炉灶，创办大夏大学。后来，又因创办国学院问题，发生了一大批著名教授间的矛盾，造成鲁迅、孙伏园、沈兼士、林语堂等离开厦大，刘树杞辞职去武汉筹建武汉大学的事件。

他还在这里酝酿制定厦门大学的"校训"、"校旨"，绘制校徽，设立评议会，实行民主治校，要求教学"切于实用，造就高等专门人才"。他不惜重金面向全国聘请著名教授、学者来厦大任教，月薪高出全国一倍。许多名教授应聘来到厦大，实为一大盛事。

林文庆还在这里写作、翻译《离骚》，编辑英文期刊《民族周刊》。他还兼任鼓浪屿医院院长，有时也在这里接诊鼓浪屿的中外患者。他为支持厦大教学，在经费紧缺的时候，将诊病所得连同全年薪金和夫人的私房钱全部捐给厦大。他对厦门大学可谓全心全意！直至厦门大学1937年改为"国立"，他才依依地离开耗去一生中最好年华的地方。弥留之际，还嘱咐将这幢山顶别墅捐赠给厦门大学，此乃为最珍贵的纪念！

如今，林文庆这幢山顶别墅，已老旧破败得剩下一个躯壳，门窗已经不全，野藤爬满了墙头，垃圾堆满了花园，住进了收"玻璃干（瓶）"的拾荒者，怎么也寻不到林校文庆当年的丰采和那高朋满座、纵论天下的辉煌了！

□文／龚洁　图／白桦

吴瑞甫故居

吴瑞甫（1872—1952），名锡璜，字瑞甫，号黼堂，同安县同禾里石浔村（今属同安区洪塘镇）人，世居同安县城后炉街，祖辈七代均以行医闻名。

吴瑞甫14岁时奉父命学医，精读历代医书，18岁中秀才，光绪二十九年（1903年）与苏镜潭（苏廷玉孙）同为同安最后的两名举人。中举后，他遵父训辞去广西候补知县之职，以悬壶济世为业，评注、校订宋代医书《圣济总录》和陈元择《三因方》。

辛亥革命前夕，吴瑞甫参加中国同盟会，任同安青年自治会会长，以行医为掩护从事反清活动。当灌口革命军兵临同安县城时，他率绅众开城迎接，主持光复仪式。1923年，应同安县长林学增之聘，主纂《同安县志》，1928年定稿付梓，成为研究同安（包括今天的金门、厦门、集美、翔安、龙海角尾）历史的重要文献。

辛亥革命后，吴瑞甫长期在厦门行医，1920年应聘任厦门回春庐医院院长，1929年创办厦门医学讲习所，1931年担任中央国医馆厦门支馆馆长，同时发起创办厦门国医专门学校，自任校长，大力培养中医人才。1938年5月厦门沦陷后，吴瑞甫避居鼓浪屿。越年5月，取道香港，迁居新加坡。在新加坡同安会馆行医，积极参加陈嘉庚领导的抗日救国活动。1946年新加坡成立中国医学会，他被推选为主席，积极筹建新加坡中医学院和医学图书馆，成为新加坡医学界公认的"国医名家"。

1952年1月13日，吴瑞甫在新加坡逝世，有《中西温热串解》、《中西脉学》、《诊断学讲义》、《杂病学讲义》、《十三科医学全书》等遗著传世。

　　吴瑞甫故居在同安区大同街常青路66号，清末民初始建。坐北朝南，其建筑格局为一落两个"伸脚"（俗称东厅），中有深井院门，后有一列"后界"，西侧带一列护龙，总面宽约17米，总进深约15米。现在"后界"、前面"伸脚"（原作书房）及西侧护龙（三厅四房）已经圮塌或被改建，仅存原来的主体大厝一落，面宽11米，进深7米，凹形门廊，大门上原有三方木匾已失。中为厅堂，神龛里有吴瑞甫暨夫人颜氏、廖氏神主牌。西侧厢房，为硬山布瓦顶燕尾脊。

□文/颜立水　图/张昭春

建于清末民初的吴瑞甫故居

许春草故居

许春草（1874—1960），福建安溪县人，清同治十三年（1874年）生于厦门。幼年家贫，6岁那年其父被外国洋行当"猪仔"骗拐到南洋当奴隶，一去不返。9岁当鞋铺的童工，12岁改行为泥水工，后当起包工老板。1918年成立"建筑公会"，任理事长，制定"有公愤而无私仇"的会训，人人遵守，影响甚大。

1900年信仰基督教，1907年被推为长老。

1907年加入中国同盟会，1911年参与厦门光复，1914年任中华革命党闽南党务主任，声讨袁世凯。1922年，孙中山电邀他到广州，将"建筑公会"改为"厦门建筑总工会"，并指示他在厦门设立中国国民党联络站，发展党员，发展武装，准备北伐。陈炯明叛变革命，孙中山避难中山舰时，密令他组建"福建讨贼军"，讨伐陈炯明，并委他为讨贼军总指挥，授关防一枚。许即将建筑工人2万余人组建成第一路军，颇得孙中山的倚重。后来辞去总指挥职务，淡出政治，全力经营建筑公司，在鼓浪屿就承建50多幢洋楼别墅。

1926年，担任鼓浪屿工部局"华董"。1929年倡议成立"中国婢女救拔团"，在鼓浪屿设立收容所，教婢女们学工、学手艺以便独立谋生，得到日内瓦国际联

许春草和夫人张舜华

盟"反对奴隶组织"考察团的肯定，名噪一时。

　　他热心社会公益活动，广办善举。在厦门和鼓浪屿成立9个"建筑工人消防队"，置办消防器材，义务救火。

　　新中国成立后，曾二度担任厦门市人民代表大会的特邀代表。1960年逝世，终年86岁。

　　他的故居春草堂别墅始建于1933年，是自己设计并由自己的营造公司建设的。别墅的地点也是他亲自选定的，在鼓浪屿笔架山顶的腰间制高点上，英国传教士公寓的左前方，选定一块视线宽广深远的旷地，建造自家别墅。并与厦门大学林文庆校长的山顶别墅和荷兰治港公司工程师的观彩楼别墅为邻，地理人文环境颇为优越。据说是他为荷兰工程师建造观彩楼时，发现这块旷地而相中的宝地。站在别墅的任何点上，俯视厦门西海、

建于1933年的许春草故居

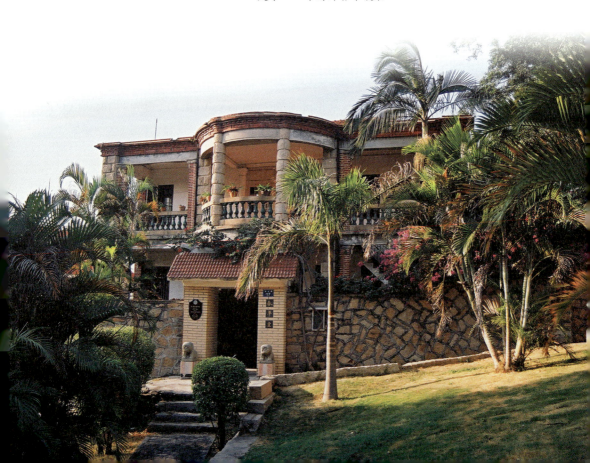

火烧屿、兔屿、大屿、猴屿、嵩屿，尽在脚下，潮涨潮落，十分清晰。诸屿背后的黛色群山，勾勒出优美的天际线，宛如一幅摆在面前的山水画，特有诗情画意。转眼东望，鼓浪屿的各式洋楼别墅，错落分布，有序排列在山间坡上，红瓦辉映，把空间点缀得十分漂亮。远处的鹭江海峡，锚泊着多艘大货轮。延伸过去，就是鹭江道和厦门市区。市区后面的筼筜港，深入禾山江头，港湾里的小渔船帆影点点，别是一番风景。住在景色这样漂亮的环境里，不说心情极爽，烦恼顿消，也是喧闹浮华的过滤，使生活过得极为泰然和自得！

别墅属中西合璧、折中主义风格，它模仿欧式建筑和南洋华侨别墅的形式，运用中国传统的理念和厦门当地的施工工艺、建筑材料、本地工匠，充分发挥自家营造公司的优势。

别墅设计因地制宜，建筑在不同标高上，特别是西墙筑在山崖上，有凌空的感觉。底层为半地下室，主体两层，四面都能观景，可以说是一幢全景式别墅。主入口设在东南方，进门就是小花园，扩充了别墅的空间。设有宽敞的外廊，冬天阳光充足，夏天海风凉爽。外廊中部呈半圆形突起，可以在此会客、叙事、品茗、赏景、吸阳、纳凉。廊柱用精雕的葫芦形花岗石堆叠而成，颇有厦门石乡特色，也增添了别墅的建筑美感。

别墅的平面设计颇为合理，前为宽外廊，四房夹一厅，中厅两边为卧室，一派闽南传统建筑格局，卧室的通风采光良好。厅后为厨房、餐厅。楼梯则设于外廊尾端，直上二楼宽外廊，是颇为温馨的居家别墅。

春草堂是一幢外观装饰简洁而实用的别墅，正立面为严格的中轴对称手法，花岗岩廊柱和附壁柱控制整个外檐墙面，尤其是采用琉璃宝瓶透空栏杆，颇为美观。别墅外观给人以精细工艺雕琢的强烈印象，有一种繁简处理适当，端庄朴实之感！

但是春草堂别墅命运多舛，建成没几年就遇抗战军兴，许春草发起抗日宣传，得罪了日寇，遭到"通缉"，只好避难南洋。别墅被人占住，抗战胜利回到厦门后，于1948年才将别墅收回。以后又被没收，直到1985年才将别墅归还许家。1986年，他的儿子对别墅进行了全面翻修，木梯改为钢筋混泥土楼梯。1989年，又把木架屋顶改成钢筋混泥土屋顶。1992年，其子许伍权将别墅定命"春草堂"，并建了一座中西合璧的门楼，将刻有"春草堂"三字的青石雕嵌于其上，以纪念其父许春草。

许春草起自泥水小工，但为人侠胆义气，能团结建筑工人，颇有号召力。青年时参加基督教，受到西方思想的影响。继而追随孙中山参加民主革命，但在军阀混战年代，又不能自主发展，只得弃政从商，专业建筑。最后在建筑上表现出才华，营建了许多高质量的别墅洋楼，留下许多佳话。

他抗日爱国，赤胆忠心。"九·一八"事变后，率先组织全国第一个公开挂牌的抗日组织"厦门抗日救国会"，开展多种形式的抗日活动。抗战爆发后，他又与张圣才等创办"抗日新闻社"，联络组织"闽南十三县抗日团体联合会"，掀起大规模的群众抗日宣传，因而被日军通缉，不得已避居南洋，继续宣传抗日，还组织华侨回国，参加抗日，从而赢得厦门人民和华侨的赞许！

□文/龚洁　图/白桦

陈嘉庚故居

陈嘉庚（1874—1961），字科次，著名的华侨实业家、教育家。历任中央人民政府委员、全国人大常委会委员、全国政协副主席、全国侨联主席等职。陈嘉庚17岁时随父亲到新加坡经商，先后从事米业、黄梨及橡胶业经营，因其勤奋刻苦、经营有方，仅用20余年的时间，即发展成南洋各埠声名显赫的大实业家。其鼎盛时期，营业范围遍及世界许多城市，雇佣工人3万余人。辛亥革命胜利后，陈嘉庚怀抱"教育兴国"、"兴学报国"的信念，于1913—1927年回到故乡，先后创办了集美小学、师范、中学、幼稚园、水产航海、商业、农林、师范、国学等校以及厦门大学。新中国成立后，又创办了水产商船、华侨学生补习学校等。据不完全统计，陈嘉庚在海内外兴办和资助的学校达100多所，倾资办学的费用达1亿美元。陈嘉庚一生倾资兴学、赤诚报国的义举，深为海内外人士所敬仰，曾被毛泽东主席誉为"华侨旗帜，民族光辉"。

陈嘉庚在倾其身心兴办教育的同时，还以敏锐的政治眼光关注着祖国的发展和前途。早在青年时期，他就在新加坡参加了中国同盟会，积极支持孙中山的革命活动。1932年上海"一·二八"战事爆发后，陈嘉庚汇巨款支援蔡廷锴领导的淞沪抗战。1937年抗日战争全面爆

陈嘉庚

发后，陈嘉庚在新加坡发起组织海外第一个抗日救亡团体"新加坡筹赈会"。1938年又召集南洋各国华侨领袖，成立了"南洋华侨筹赈祖国难民总会"，并被推举为主席。抗战期间，陈嘉庚率领南洋华侨访问团分别赴重庆和延安考察，考察结束后，陈嘉庚得出了共产党必胜，国民党必败的结论。1949年9月应毛泽东主席特邀，陈嘉庚回国参加全国政协会议，出席了开国大典。

陈嘉庚故居位于集美大社，现编嘉庚路149号，建于1918年。此系陈嘉庚的胞弟陈敬贤在兴建集美学校早期校舍时，同期建造的。故居坐北朝

始建于1918年的陈嘉庚故居

南、砖石木结构，系典型的罗马式建
筑。总面宽25.82米，进深12.32米，
建筑面积602平方米。建筑主体为两
层，面阔五间，进深一间。东侧设角
楼，共三层，面阔一间，进深二间。
建筑平面呈外廊式布局，一层券廊
左、右两侧为两个大跨度圆形连拱，
中部则为两个小尖拱券簇拥一中型圆
拱。二层券廊左、右两侧与一层相
同，而中部则为两个小圆拱簇拥一中
型圆拱。屋顶更富于变化，即廊部为
平顶，前设女儿墙。中间部分及东西
两侧分别为一横两纵的三个双坡顶，
屋面均铺设红色机平瓦（人称"嘉庚
瓦"）。建筑外墙以花岗岩条石为基
础，其余为砖砌外抹灰，色彩以浅蓝
为主色调，墙柱、窗套、拱券、山花
及屋檐角线则做白色装饰。廊内建筑
立面以红色清水砖砌成。柱头、窗
套、山花及屋檐为重点装饰部位，尤
其是柱头、窗套和山花堆塑着繁复的
巴洛克风格和堆花装饰，柱式和窗套
各达7种之多。故居前为一宽敞庭院，
庭院中较有价值的植物主要是早年种
植的两棵南洋杉及一棵龙眼树和一棵
玉兰树。

　　该故居既是陈嘉庚的居所，也
是他的办公室，因此人们将之尊称为
"校主楼"。1918年至1937年，陈嘉
庚和陈敬贤在创办集美学校和厦门大
学期间均居于此。1939年9月，校主楼
被日本飞机炸毁。新中国成立后，陈
嘉庚将其海外资产变卖后全部携带回

陈嘉庚故居的檐线装饰

1950年　陈嘉庚先生视察集美学校校舍修复工地

陈嘉庚故居的火形马鞍脊山墙

国，继续兴办集美学校和厦门大学。因校主楼一直未修复，故陈嘉庚一直寄居在集美航海学校内的校董楼。在陈嘉庚修复学校校舍和村民村舍的过程中，曾有人建议他将故居也一并修复，但当即被陈嘉庚否定，他说："那么多学生等着上课，那么多乡亲等着安身，先修复校舍和民房要紧，我的住所以后再说。"因此，维修故居的事一直拖到1955年才由政府拨专款修复。1955年至1957年，陈嘉庚离开集美在北京工作。1958年返回集美后，仍在此居住。在此期间，陈嘉庚先后倡议兴建了高集海堤、鹰厦铁路、厦门华侨博物院等。1961年陈嘉庚因病前往北京治疗，8月12日在北京逝世，享年86岁。

1980年、1994年及2003年集美学校委会员多次对故居进行了维修。1981年，该故居被辟为纪念馆，供游人参观。1988年，陈嘉庚故居被厦门市人民政府公布为第三批市级文物保护单位。现今故居一楼为集美学校校史陈列，二楼展示了陈嘉庚生前生活及工作的原状和遗物，此外，还展示了陈嘉庚和陈敬贤的生平事迹。在这里，我们可以看到陈嘉庚生前使用的简陋家具和一补再补的衣物用品。新中国成立后，政府发给陈嘉庚的月薪是300元，但陈嘉庚每月仅留15元做伙食费，衣物用品都是使用原先从新加坡带回来的，所余钱款全部交集美校委会用于学校建设。有一次，身边的工作人员曾在午餐时为陈嘉庚多加了两道菜，陈嘉庚发现后非常严厉地批评了工作人员，并对他说："该花的钱千百万都不要吝惜，不该花的钱一分也不能浪费。"陈嘉庚正是本着这种克己奉公的精神，把毕生的艰苦所得全部奉献给了国家和人民。著名民主人士、教育家黄炎培曾这样评价陈嘉庚："发了财的人，而肯全拿出来的只有陈先生。"

□文/陈娜　图/杨景初

邱菽园故居

邱菽园（1874—1941），名炜萱，字娱，别号绣原、啸虹声、星洲寓公等。清同治十三年（1874年）出生于厦门海沧区新垵，20岁中举人。后往新加坡继承父亲遗产，成为巨富。

1899年，他与陈合成、林文庆、宋鸿祥等人创设新加坡第一所华侨女校。先后任新加坡萃英书院义塾董事、南洋女校董事、道南学校董事、公立怀德学校副总理及南洋英属华侨教育总会议员等职。

在政治上，他同情戊戌变法，支持康梁等人的保皇运动，曾一度担任保皇党新加坡分会会长。1898年，他创办《天南新报》，宣传维新变法，改革旧中国。1900年，康有为出走国外，他立即电汇1000大洋邀请他到新加坡避难，并负担康有为一家人的生活费用。又捐献23万元巨款，支持唐才常发动"勤王起义"，并亲自向华侨募捐支援起义行动。因康有为扣压捐款，宣告与他断绝关系。后因受民主革命思潮影响，逐渐与保皇党断绝关系，一度成为中国同盟会南洋分会的早期会员。

邱菽园诗文功底深厚，1912承办《振南日报》，并出任社长。还兼任《南铎日报》、《觉华周报》、《星洲日报》副刊编辑。先后创设"丽泽社"、"乐群文社"，

邱菽园

天井与正厅

主持"会吟社",以诗文会友,成为南洋华人文坛领袖。著有《菽园诗集》、《啸虹声诗钞》及《五百石洞天挥麈》、《菽园赘谈》两部杂文笔记。

因邱菽园不善治产,加上慷慨好客,仗义疏财,在他34岁时宣告破产,自此一贫如洗,以卖文为生。晚年皈依佛教,曾任新加坡佛教会长。1941年病逝于新加坡。

海沧新垵村是华侨的故乡,据统计,这里有85%的人在清末民初出外谋生。他们在海外赚了钱后,纷纷回乡竞相建造光宗耀祖的闽南大厝,使这里成为厦门红砖

邱菽园故居正面

故居全景

故居装饰

民居最为集中的区域。

　　邱菽园故居位于海沧新垵村惠佐138号，是一座三落双重护厝的砖石木结构传统民居，系其父邱正忠建于清同治末年到光绪初年（1862—1908），因址在先辈老屋之后，故称为"后楼"。邱正忠是新加坡华侨，以经营米粮而成为新加坡米业大王。邱菽园出生于这里，两岁后才随母亲赴澳门、新加坡。15岁后回国，至23岁前往新加坡继承父亲财产，这期间邱菽园都住这座房屋。

　　闽南建筑建双重护厝的很少见，因此故居是名符其实的大厝。从外观看，故居宽敞的庭院，完整而宽阔的正面，传统民居屋顶上的燕尾脊及建筑装饰，呈现在人们面前的是闽南传统民居的美丽画面和建筑物的大家气势。

　　故居坐南朝北，现存总建筑面积1196平方米，总面阔32.3米，总进深28.65米。另有长条形砖埕，宽8.38米，中间及两侧有门。

　　下落门厅是双曲燕尾脊，硬山顶。门廊部分不大，也没有各种雕刻装饰。裙堵是灰白色的花岗岩，往上是空斗砖。花岗岩门框显得十分结实，配之于两扇厚重的木门。门廊两侧是马鞍脊屋顶的护厝，四列护厝的山墙均有精美的悬鱼饰，成为建筑物正面的景观装饰。两列护厝间还有一个门廊，只是规模比中间正门的门廊小些。

　　进入大门的门厅，在正中靠墙的地方摆放着一张长供桌，而此处原是一道木屏门，因"文革"期间遭受破坏，后代将其改成抹灰砖墙，并于此处摆放供桌。供桌是旧物，面板已破损，子孙遂将邱菽园的"举人第"木匾当作供桌面板，并使它免遭"文革"破坏。虽然匾额字已模糊不清，但作为邱菽园文物，仍具有相当价值。门厅两侧设有进入厢房的两扇门。在抹灰红砖墙的上方仍可见抬梁木架。

跨过门厅就是天井。天井面积比通常的大，呈竖长条形，长13.5米，宽5.96米。两侧是两列护厝，一侧有三间房。房之间原是相通的，后来才将里面的门堵起来，成为独立的单间。

正厅是双曲燕尾脊，硬山顶。除厅内两侧墙的下部是空斗砖外，其余均为抹灰红砖墙。子孙巷上支撑屋厅的斗拱为三层，这是清代举人的规格，而一般人只能有两层。厅两侧各有四间厢房。而左边的四间厢房正是邱菽园当时所居住，房间不大，外面两间是他的书房，里间是卧室。当时的家具及各种摆设均已不见。房间上都架设木质半楼，用于储物。

后落原有一幢二层的梳妆楼和后面的私家花园。但它们在抗战期间遭日寇飞机轰炸毁坏，1959年的"8·23"台风又将剩余的全部摧毁。今所见仅断垣残壁和房基的花岗岩长条阶石。

护厝较长，因此靠里的两列护厝屋脊分成两段，而靠外的两列则分为三段，从前落一直延续到后落。外侧护厝有三道过水廊与靠里的护厝相连。过水廊将左侧护厝纵长形的天井划分出"日井"和"龙井"两个天井，右侧划分出"月井"和"虎井"两个天井。每列护厝有九间房，但仅开三个门。左侧护厝内有一口水井。

昔日成片分布、美丽壮观的新垵古民居群，日益受到城市开发建设的冲击，在古民居的旁边建起的越来越多的现代楼房建筑，破坏着古民居的环境氛围。具有历史、艺术价值的邱菽园故居也越来越难于独善其身。

□文·图/谢明俊

黄仲训故居

黄仲训（1875—1951），字铁夷，清光绪元年（1875年）生，福建南安乐邱屏山人，早年随父移居嘉禾里（今厦门市）麻灶社，所以又说他是厦门人。清末（1898年）秀才。1901年赴安南（今越南）堤岸协助父黄文华经营地产、典当致富，入法国籍。1913年挟资回国，以"黄荣远堂"名义在厦门鼓浪屿和泉州建造别墅楼房。1914年因第一次世界大战爆发，返回安南处理商务。1916年回鼓浪屿，购买日光岩下大片坡地，兴建"厚芳兰馆"和"瞰青别墅"。

黄仲训

黄荣远堂投资120万银元，在鼓浪屿先后建造五六十幢别墅，1.8万平方米，不少是租给洋人富侨居住，也有租给法国当领事馆。

1928年，他在日光岩下建"西林别墅"，并以10万银元买下面对厦门的通商局旧码头及大片旷地，准备修建码头、市场和房地产。不意此旷地为古海湾，沙层深厚，建房成本极高，不合算，于是只围海筑堤，建成"黄家货运码头"，旷地闲置，成了杂物堆场。20世纪80年代整理成公园，后来在此基础上建成今天的"海底世界"。

他在建造瞰青别墅时，因多占日光岩土地，触犯了鼓浪屿民众，被迫退还了土地。人生感悟，闭门写经，

1934年他59岁时，在上海中华书局影印出版中楷行书《道德经》，质量颇好。

抗战爆发后，他携眷返回安南，满以为可以逃过日军灾难。可是安南也被日军占领。日军多次引诱他出任伪职，他坚辞不就。日军老羞成怒，于1942年将他逮捕入狱，受尽摧残。日本投降后获得自由，但身心受到严重摧残，至1951年在越南逝世，终年76岁。

黄仲训在鼓浪屿建造的五六十幢别墅中，以黄荣远堂别墅、西林别墅为最漂亮，属鼓浪屿众多别墅中的精品。而厚芳兰馆与瞰青别墅是最有传奇色彩的，至今成为美谈。

厚芳兰馆与瞰青别墅是相互接连的，坐落于日光岩东北麓岩石上，现编为鼓浪屿永春路71号，是黄仲训为纪念其父在越南创业的艰辛而首先建造的。

1918年，他在购买地皮建造别墅时，竟将日光岩范围的公地也圈了进来，在周边建起了城堡式围墙，在日光岩的许多巨石上镌刻摩崖诗文，整个日光岩俨然成了他的私家花园。鼓浪屿的民众愤起请社会贤达组成"延平公园筹备会"，发起收回被黄仲训占用的日光岩公地，建设"延平公园"。而黄仲训则以法国籍民做掩护，请法国领事出面交涉，并在别墅上挂出法国国旗，以示他是法国人。这一具有挑衅性的举动，结果造成更

建于1918年的黄仲训故居——瞰青别墅

西林别墅，现为郑成功纪念馆

大的民愤，欲将他诉诸法律。他的亲友看到事情闹大，众怒难犯，出面邀请厦门的耆绅进行调停。后经反复协商，于1927年12月7日达成调解协议，订出"调停意见书"，规定了瞰青别墅和厚芳兰馆的四界，送交厦门交涉员公署、思明县政府、会审公堂、法国领事馆、公园筹备会和黄仲训本人。至此，黄仲训多占土地一案告一段落。而他颇有感慨，在别墅花园的门柱上镌"出没波涛三万里，笑谈古今几千年"和"此地有人常寄傲，问天假我几多年"，藉以抒怀！

"厚芳兰"是位于越南河内的一片荒地，无人问津。黄文华的一位法国朋友，在河内经营失败而破产，连回国的路费也没有了，黄文华慷慨资助其回国。该法国人告诉黄：厚芳兰荒地上，法国即将建造铁路，劝他买下荒地，可以得到巨额赔偿。黄文华听从其言买下了荒地，果然得到高额赔偿款。黄仲训就是带着这笔巨款回鼓浪屿开发房地产的。厚芳兰馆就是黄仲训在鼓浪屿建成的第一幢建筑，是纪念越南河内"厚芳兰"的。厚芳兰馆是建在岩石上的城堡，馆内的花岗石没有挖去，形成山岩在室内的特殊格局。城堡平台上有一观景亭，四面临室，视野宽广，是他邀友品茗赏景的地方。朋友们在观景亭上可悠闲品茗，眺望厦鼓美景，十分惬意！

瞰青别墅也依岩而筑，与厚芳兰馆连在一起，很是别致。左边接连日光岩巨石，右边沿巨岩砌墙，高耸挺立，有巍岸感。别墅未设地下隔潮层，虽只有两层，从右下方抬眼看它，颇为雄伟，非常美观。别墅呈曲尺形，花岗岩石库门窗，一派中国传统建筑艺

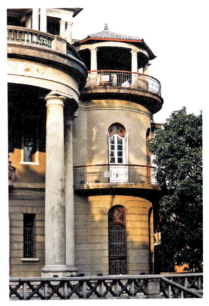

黄荣远堂一角

黄荣远堂顶楼

黄荣远堂门楼

远尔亭

厚芳兰馆蠹亭

术。前廊为圆拱和花叶拱券相间，大小配衬，辅以青斗石十字栏板，颇具法兰西建筑艺术韵味。拱券后面是宽廊，连着卧室，居住环境颇佳。屋顶为多折屋面，而东北向的屋顶却是中国传统的曲水形马鞍脊，脊下山花华丽焕彩，把别墅装扮成中西合璧的建筑，分外秀美，这种做法在鼓浪屿众多别墅里是仅见的。

别墅的后门设计得非常特别，进门是花岗石楼梯盘旋而上二楼，连着一个小客厅为过渡，小客厅过道两旁装饰可以拼接的雕花长屏门，直通迎客厅和卧室。雕花长屏门上刻着中国古典文学的人物故事，十分典雅，与石库门窗汇成中国建筑的传统美。可地砖却是西洋式的彩色花砖，又显示出中西装饰文化的巧妙结合。在二楼，从欧式的拱券，南洋的宽廊，西欧的地砖，到中式的石库门、雕花门，我们可以在这里欣赏到中西建筑文化的汇聚，领略到中西建筑元素、语言的融合，也是可供当今房地产商建筑别墅时的借鉴或移植！

别墅前为"瞰青园"小花园，园内种植多行红梅，开花时节，香气四溢，引来许多赏花折枝人。

别墅后为厚芳兰馆的观景平台，左旁为众多摩崖石刻和莲花庵、日光寺，以及郑成功水师屯兵寨门和水操台遗址，历史文脉厚重。

别墅的右墙是建在悬崖壁上的，安全条件和居住环境十分优越。

1962年，郭沫若在此住了较长时日，帮助鉴定郑成功画押银币和有关郑成功的实物史料，写作剧本《郑成功》。后来，别墅还曾做过街道工厂。如今，它是郑成功纪念馆的资料室，保护颇好。

□文/龚洁　图/白桦　陈娜

林尔嘉故居

　　林尔嘉（1875—1951），原姓陈，名石子，厦门带溪（今溪岸）人。清光绪元年（1875年）5月生。1880年由陈氏抱送台湾板桥林维源为子，取名尔嘉，字叔臧、菽庄、眉寿，号尊生等，晚年自称百忍老人，1951年11月逝于台湾，终年77岁。

　　1895年，台湾割让给日本，林尔嘉随父林维源（台湾垦抚大臣、团防大臣、太仆寺正卿、一品顶戴）及全家回到原籍龙溪，旋定居鼓浪屿。

　　1905年，清廷褒奖林尔嘉为四品京堂，嗣又委派为厦门保商局主办兼商务总会总理。1907年，筹设电灯、电话。1909年，襄助陈宝琛督办福建铁路，被聘为农工部头等顾问。同年夏，清廷通过邮传部尚书盛宣怀邀林为度支部（财政部）审议员。秋，应盛之邀赴上海参加会议，遇日本军舰在嵊泗列岛掀翻我渔船，即慨捐40万银圆增置舰艇。由此擢侍郎衔，赏二品顶戴。

　　1912年，林被选为全国临时参议院候补参议员，托病未就。

　　1915年，应许世英聘任福建省行政讨论会会长。李厚基主闽时，要林代表福建各界"劝进"袁世凯当皇帝，他断然拒绝。福建国民代表急电林，也要他"推戴"袁世

林尔嘉

建于1915年的林尔嘉故居——八角楼

凯，他怒而撕碎电报，抛向大海。

段祺瑞执政，他被聘为中华华侨总会总裁，婉拒。

从鼓浪屿公共租界"工部局"成立之初，聘林为唯一"华人董事"，至1916年任职14年。1920年，任厦门市政会会长，阅4年，积劳成疾。

1924年秋，出国游历，觅医调治，由日转欧，遍及英、法、德、意、奥、荷、瑞典、挪威、丹麦、西班牙、比利时、土耳其等30余国，最后养疴瑞士阿罗莎，越7年而归。

1937年，日寇侵华，林先后赴港沪等地避难。八年无宁日，1948年携眷归台。1951年11月，因哮喘不止辞世！

鼓浪屿鹿礁路13号到17号有三幢别墅，一幢叫大楼，系1895年以前英国船长的别墅，英式，1895年林维源定居鼓浪屿时

菽庄花园

购买，今已残损；一幢叫小楼，系林维源定居鼓浪屿后所建，西班牙式，今亦已残损。一幢叫八角楼，原为小楼的一部分，1915年，林尔嘉之子刚义在室内做化学实验时引起爆炸烧毁。同年，林尔嘉在原址建起巴洛克式五层别墅，称八角楼，其故居就在此楼。

据说八角楼是法国人设计的，它既有南欧风格，又有巴洛克元素。设计师根据地块的实际，正门前用彩色卵石小径迂回，双旋台阶，方柱拱券，走进券内就是一方小型的内阳台连着中厅，颇为实用，可以说是利用好这块小台地的最佳方案，静谧而温馨。别墅的外墙呈不规则角面，形成许多个八边形，故取名"八角楼"。每个面上开拱券欧式窗，窗楣塑展翅白鸽和缠枝花卉，洁白高雅，具有巴洛克气韵。柱上

林氏府小楼

八角楼的巴洛克式窗

层间的线脚，重叠而整齐，简约而大方，与整个立面的雕塑协调融合。二楼中厅少许退后，形成一方小阳台，阳台下面就是一楼的内阳台。八角楼的形体和立面处理，独到而华贵，宛如舞池中盛装的贵夫人，光彩照人，气度不凡，它也确是深藏在鼓浪屿1000多幢别墅群里最为稳重雍容的一幢。

别墅空间的使用也颇为合理，中厅既为会客室也是陈列室，两侧均为卧室，颇具闽南传统民居的两厢夹一厅、对称式布局的建筑要素，加上正门前曲折迂回的卵石小径，江南园林趣味和欧式别墅风格成为中西合壁的典范。

八角楼后门外的后花园墙上，有一个未加任何装饰的小门洞，它有一段不平常的来历。林尔嘉的二太冬曦一天病情危急，管家来报需要考虑后事，林即交管家去办。可管家说：按规矩二太的灵柩不能从正门抬出去，只能走边门或后门，可后花园没有后门怎么办？林说赶快开就是，并促管家连夜操办。可当这个小门突击开好后，二太冬曦的病霍然好了，就不需要这个小门了，也就从此留存下来。这为我们留下了一个旧礼教统治下的旧中国，妻妾名分不可逾越的难能可贵的实物，也为我们今天研究领悟那个早已逝去的年代里，主仆关系、妻妾等级森严的证据！

八角楼从1938年林尔嘉避难上海、香港等地起，特别是1946年他携眷返回台北板桥别墅后，逐渐苍凉破落。1984年，他的后人用10万人民币全面整修，华彩焕发。现又10多年过去，又老态毕露了，窗楣雕塑脱落，急待维修。

林尔嘉住在八角楼前后40多年，他在这里留下许多值得后人敬仰的事迹。

他担任鼓浪屿公共租界工部局"华董"期间，为鼓浪屿的华人居民争得合法权利，做了许多工作，深得居民们的信任。华董每二年选举一次，他屡次推辞，而居民坚持选他，直到他因病赴欧洲治疗为止。

他担任厦门总商会总理、厦门市政会会长期间，为厦门第一波城市改造建设贡献颇大，厦门老市区就是在他当会长时形成的，至今仍在造福厦门人民。

他为厦门的土地卖买、华洋交易、安装电灯电话、督办漳厦铁路、审议全国财政、捐巨款建设中国海军、救济漳州水灾、建筑西溪大堤、编辑出版《菽庄丛刻》等，十分慷慨，成就突出，至今令人怀念。

尤为突出的是在那么多位高权重的人士多次诱他"劝进"袁世凯当皇帝的大是大非问题上，他立场鲜明，态度坚决，毫不犹豫地断然拒绝，这种高尚品德给后人做出了榜样。

□文/龚洁　图/白桦

林祖密故居

1919年林祖密被孙中山任命
为国民革命军陆军少将

　　林祖密（1878—1925），原名资铿，字季商，台湾雾峰人。清光绪四年（1878年）出生于台中雾峰林氏望族，祖籍平和县五寨乡埔坪村。清乾隆年间，先祖林石由平和移居台湾彰化，后迁至雾峰，因垦荒而发家。祖父林文察官至福建陆路提督，父亲林朝栋为中法战争期间守卫台湾的爱国名将，母亲杨水萍因助夫抗法有功受封为一品夫人。甲午战争前，林朝栋力主保台，积极备战。1895年，清政府将台湾割让给日本，林朝栋抗日不成，举家内渡大陆，定居于鼓浪屿。由于林家在台资产庞大，几年后，林祖密奉父命回台中治理家业，并秘密资助台湾抗日志士罗福星领导的苗栗起义和余日清领导的台南起义。1904年，林朝栋病逝，林祖密回厦门奔丧，随后回台湾低价变卖了大部分家产，将其所得全部携回大陆。民国成立后，林祖密毅然宣布注销日本国籍，成为内渡大陆第一个恢复中国国籍的台湾人。1915年，林祖密加入中华革命党，追随孙中山领导的民主革命。1919年，民国军政府授予林祖密陆军少将衔。1920年，林祖密到广州任粤军第九支队司令。1921年，任孙中山大元帅府参军及侍从武官。1922年陈炯明叛变，林祖密曾被反动军阀陈炯明拘禁于广州，不久，获救后去职返回鼓浪屿。1925年8月24

日，林祖密在漳州遭反动军阀张毅杀害，年仅48岁。台湾著名爱国人士丘念台为林祖密立传时写道："革命不难，舍富贵而革命为难；舍富贵而革命不难，能审国族辨忠节，而舍富贵以革命为尤难；台湾林祖密者，盖能此尤难者也。"因此，丘念台称赞他是"真义士"。

　　林祖密故居由"红楼"和"乌楼"两处建筑组成，原规模较大，所谓"红楼"即建筑外墙为红色清水砖砌成，而"乌楼"则为砖砌外抹灰。因此，相对红楼而言被称为"乌楼"。1895年5月林朝栋率全家迁居鼓浪屿后，先向他人购买了红楼，随后又兴建了乌楼，林氏家眷主要居住于乌楼，红楼则为接待宾客之所，两处宅第当时被人合称为"林公馆"，而林家内部则沿用其在雾峰"宫保第"的宅名称呼。林祖密故居现仅存"乌楼"，该建筑位于鼓浪屿四棵松，现编鼓新路67号和69号，由主楼和副楼两幢建筑组成。主楼坐东朝西、砖木结构、共两层，为典型英式建筑。楼

建于19世纪末的林祖密故居

2004年11月，林祖密故居被公布为厦门市第五批市级文物保护单位

1906年林祖密与家人在鼓浪屿"官保第"前合影。中间就坐者是林祖密的母亲一品诰命夫人杨水萍，左边站立者为林祖密

面阔三间计22米，进深二间计10米，建筑面积440平方米。中间为大厅，设对开大门。东西两侧各设房两间，一、二层布局相同。一楼大厅背面设木质屏墙，屏墙后有木楼梯通往二楼。主楼南、北、西三面设回廊相通。回廊立面呈拱券式，回廊栏杆由绿釉瓶式座杆叠压花岗岩条石板构成。屋顶为四坡顶，上铺红色板瓦。附楼亦为两层西式建筑，坐南朝北，砖木结构。面阔五间计19米，进深一间计6米，建筑面积200多平方米。附楼东侧三间设前廊，西侧二间不设廊。屋顶为双坡顶，上铺红色板瓦。两楼地面均为红色斗底砖铺地，柱头及屋檐装饰脚线，墙基为花岗岩条石砌筑。主楼前有宽敞的花园，入口设于花园西侧，紧临鼓新路，现入口仅存两根花岗石门柱。

1915年，林祖密加入中华革命党后，"林公馆"成为革命党人的活动据点和闽南军大本营。1915年袁世凯称帝，林祖密即召集漳泉两地的革命志士，在其鼓浪屿家中成立了秘密机关，商议反袁护国、铲除北洋军阀的大计，并捐巨资资助闽南靖国的护法两支民军，并在此基础上筹建"闽南军"。原

林朝栋的部下、曾在台湾组织过武装抗日的张吕赤、高义和赖忠等人，也率部投奔林祖密。为节省开支，林氏家眷无论长幼曾在家中为革命军赶制军需用品，积极支持林祖密的革命活动。1918年1月6日，孙中山以中华民国海陆军大元帅的名义任命林祖密为"闽南军司令"。1918年4月2日，福建军阀李厚基派人包围了林公馆，并将林祖密拘捕，后在鼓浪屿公共租界工部局局长的调解下方获释。不久，林祖密接受孙中山的指示，带领闽南军攻打永春、德化、莆田、永安等七县，开辟了国民革命军闽南根据地。

林祖密在追随孙中山从事民主革命的同时，还怀抱"实业救国"的信念，先后在漳浦、龙溪、华安等地开垦荒山、兴办农牧场，建设轻便铁路，开发龙岩、漳平煤矿等。为使闽西煤矿能运至闽南，林祖密还出巨资疏凿九龙江北溪河道。1923年，北溪疏凿因工程复杂、艰巨，耗资巨大，此时，林祖密的家财已全部耗尽，林祖密遂将"林公馆"抵押他人，将所得资金再投入工程，前后共花费20多万元的北溪工程才基本完工。林祖密逝世后，林氏家眷的日常生活顿时陷入困境，其家眷也先后离开了鼓浪屿。数年后，林祖密的胞弟才将"林公馆"的产权赎回。

林祖密育有六男五女，抗日战争时期，第五子林正亨投笔从戎，参加了前线抗战。1943年，林正亨参加中国远征军赴缅作战。1950年，在台湾被国民党当局杀害。2004年11月，林祖密故居被公布为厦门市第五批市级文物保护单位。

□文/陈娜 图/白桦 陈娜 林为民

1915年林祖密与母亲合影于厦门

1917年林祖密被孙中山任命为国民革命军闽南军司令，此为林祖密的任命状

王人骥故居

故居保存的王人骥画像

　　王人骥（1878—1947），字选闲，号蒜园，出生于台湾安平县。甲午战争后台湾被日本占领，王人骥不愿做亡国奴，毅然放弃了台湾庞大的家业，举家内渡，定居厦门。清光绪二十八年（1902年）参加考试中举。当时新学流行，王人骥赴日本学习法政，毕业后回国受到光绪皇帝的接见，并被任命为法部会计司主事，授中宪大夫，后晋升为员外郎。不久以父母年高告假返厦，受兴泉永道台刘庆汾之聘协助新政。1906年清政府废科举之后，王人骥积极参与了厦门中学堂的创办并任学董，校址在玉屏书院（今厦门五中）。厦门中学堂的成立，开创了在厦门由中国人创办新制学校的先河。1912年，厦门中学堂改名为厦门思明中学，王人骥任校长六年。他大力改革教学制度和教材，除古文、经学、史地、数学等主科外，还增设国语、英语、音乐、体育等课程，体现了德、智、体三位同行的教育风格。此后，他与王敬济、王义芳等人合作创办了厦门和安小学，校址在大中路和安祠，并亲自担任校长。

　　王人骥积极投身革命运动，曾两次参与组织营救被反动派逮捕的辛亥志士苏渺公出狱，并参与收回海后滩的反帝斗争，坚持到斗争的最后胜利。

王人骥故居

　　抗战期间，厦门沦陷，王人骥避居鼓浪屿。日本侵略者以其原属台籍，又留学日本，因此多次软硬兼施威迫他当汉奸，但王人骥坚决不从，表现出中国人民不畏强暴的高风亮节。

　　王人骥除致力于厦门地方教育事业外，还热心于市政建设和文献资料的收集整理。1919年厦门成立审议市政规划和筹措资金的市政会，王人骥任会董。1931年厦门成立"文献委员会"，他受聘任该委员会委员，为《厦门市志》资料的征集、编纂做出了积极的贡献。

　　王人骥故居位于中华街区的石壁街10号，是王人骥回到厦门后购置的。故居是一座两落两护厝的砖石木结构传统闽南民居建筑，坐东向西，原占地面积600平方米。现存仅占地面积440平方米，建筑面积224平方米。这座建筑与众不同之处是它的正门开在北方，即建筑物的右侧，而不是通常的正前方。因此进入大门，房屋的廊厝部分就成了门厅。而房屋的正前方则是一道斜墙，墙内原建有一道有四扇格扇门的假门，今已不存。而墙边原有一座用于防盗的炮楼，早已被拆除。正门两侧的围墙依然，门也基本保存原样，只是原来的铁门在1958年大炼钢铁时被拆去扔进了炼钢炉。

门外原有的两座旗杆石是王人骥中举后竖立的，"文革"期间由王人骥的孙子拆除并保存在庭院内，旗杆座上的石雕花纹仍然很清晰。

庭院约有100平方米，种了不少树木花草。较大的是两棵杨桃树，长得有6米多高，结满了果实。庭院的北侧有两间小屋，因重新翻建，已看不出原有的风貌。南侧是一间原被称为"花厅"的房屋，是用来接待客人的场所。原是一座非常漂亮的建筑，门由六扇格扇门组成，雕有各种精美的纹饰，还安上了雕花的进口玻璃。李禧、陈桂琛、周殿薰、苏渺公住处离此不远，当年常来此与王人骥谈书论画，切磋学问，是这家的常客。这间花厅解放前曾被国民党军队占为军营，新中国成立后又喜迎解放军入住，尔后又先后两次成为居委会办公室。现在的花厅在"文革"期间被改成砖混结构建筑，为了扩大面积，还将花厅左侧原有的假山和金鱼池拆除。

庭院的东侧是这座建筑物的主体部分。天井比庭院高一个台阶，两边是在闽南被称作"榉头"的两间小屋。左侧一间依然保存原样，马鞍脊屋顶，墙的下部用红砖砌成，上部则是板墙。右侧"榉头"连着门厅，已改成砖混结构。天井再上一级台阶就是被称为"慎余堂"的正厅。"慎余堂"匾今仍存，三字为阴刻楷书，字迹仍很清晰，没有款识，已不再悬挂在厅内，而是被后代小心地收藏起来。正厅的门上原有"文魁"匾，今已不存。厅内原悬挂着"民

王人骥故居外观

王人骥故居客厅

"慎余堂"匾

国□年大总统题"的"孝德永彰"书法镜片,是当时的大总统褒奖王人骥之父王舜中所题。此外,原有一张圣旨,是王人骥从日本回国后光绪皇帝所赐。据其后代说,圣旨很长,满汉文对照,现在只记得其中有"中宪大夫,官加三级"字样及给家属的诰封等。遗憾的是,这张圣旨和王人骥那张日本早稻田大学的毕业证书都已在"文革"期间被后代烧毁。

厅内基本保留原样,正面墙上是供桌。原厅两侧墙上悬挂着名人字画:有中国创建第一家博物馆"南通博物苑"的张謇赠送的书法对联,厦门地方名家庄俊元书法和四张宋画等书画作品。此外,王人骥作为当时厦门著名的收藏家,家中的收藏也有部分摆放在厅里,如后代尚能记得的有一对很大的红珊瑚、铜观音像等,两侧书画下各摆放的四张红木椅至今仍然完好。厅两侧各有两间厢房,原先住着王人骥的两个儿子。厅后是一个天井,左侧则是一幢两层的楼房,是王人骥儿子结婚时所建,外观已有所改变,但仍保存着原来的双坡布瓦屋顶。

从前面的庭院和正厅前的走廊都有通向护厝的门,庭院那道门被做成漂亮的花瓶式门。护厝的天井里一棵莲雾树,与庭院的杨桃树一般高,长得十分茂盛。王人骥夫妇当年就住在护厝的其中两间。护厝今已十分破落,但在其中的两扇窗上,可以看到用水泥做成蕉叶状装饰,上刻有"藏修"和"难得糊涂"的字样。后排护厝后被后代出卖后拆除,建成了楼房。

在这座建筑物里,还曾十分隆重地迎娶了林祖密、钟广文、黄廷元的女儿。她们分别嫁给了王人骥的侄儿和两个儿子。

□文·图/谢明俊

马约翰故居

马约翰纪念雕像

马约翰（1882—1966），1882年10月10日出生于鼓浪屿一个并不富裕的家庭，三岁时母亲去世，父亲也不幸亡故，约翰与哥哥保罗成了父母双亡的孩子，兄弟俩相依为命，在亲友和基督教会的帮助下生活。10岁时，常到鼓浪屿海边讨小海捉鱼虾，还常常爬山、爬树、跑跳、钻山洞，从而练就了结实的身体。

1895年，约翰13岁时才送进福民小学念书。18岁那年，也就是1900年，他与哥哥保罗被教会送到上海基督教青年会办的"明强中学"读书，4年后升入上海圣约翰（书院）大学预科，2年后升入本科。先修4年理科，又修1年医科，1911年毕业，约翰已经29岁了。

当年，圣约翰书院与苏州书院、南洋书院和南京书院联合组织"校际体育联合会"，每年秋季举行田径运动会，冬季举行足球赛，4院轮流举办。马约翰积极参与学院的足球、网球、棒球和田径项目，并很快成为主力。曾连续7年代表圣约翰获得7次冠军，尤其是在田径100码、220码、880码和1英里长跑中，冠军非他莫属。最激动人心的是1905年的"万国运动会"上，许多外国选手参加，观众超过5000人，马约翰参加1英里长跑比赛，前3圈4个日本人领先，而且一字排开占据整

条跑道，有意阻挡其他选手超越，到了最后一圈，马约翰加速冲刺，以领先50码的优势夺得冠军，观众疯狂地喊"约翰，中国；中国，约翰"，并抬着他绕场一周，大长了中国人的志气！从此，马约翰成了明星，声名远扬，他也从此与体育结下了不解之缘。

1914年，马约翰应聘到北平清华学校（今清华大学）任化学课和体育课的助教，同时兼体育部的英文秘书。那年11月，他被推为"北平体育协进会"的代表。1919年，马约翰在清华任教已满5年，有专门休假时间，他就到美国马萨诸赛州的"国际青年会学院"（即春田大学）攻读体育教育专业，1920年回清华任教授，接替美国人担任体育部主任。任上参加上海第5、第8次远东运动会，取得20项全国记录，大大超过了美国人。

马约翰故居

1926年，他第2次休假，又赴春田大学进修，撰写《运动的迁移价值》论文，副题为"中国拳术入门"。这是他第一次把中国的"意形拳"介绍给西方，并试图以"选择西方的拳击和格斗技巧与东方的拳术相结合，从而发展成一种新的有效的防卫方式"。

1928年，清华学校改为大学，校长罗家伦认为体育是哄孩子的事，跳跳蹦蹦，不必设教授，免掉了马约翰的教授职务，改成"训练员"，他也不以为意。第二年，清华足球队在华北足球赛上获得冠军，返校时他被学生抬着进了校门，还开了盛大的欢迎会，罗校长才知道体育的"威力"与"魅力"，恢复了他的教授职务，这是中国历史上第一个体育教授。

马约翰的健身方法独到而又实用，效果甚好。比如他洗澡，坚持温水3分钟，冲去汗水，再抹肥皂。用热水冲4分钟，再用冷水冲几秒钟，大毛巾先擦胸再擦背，特别舒爽。他的生活特别有规律，不抽烟，不喝酒，不吃零食，不吃得太饱。一辈子坚持，从不违反。人们都知道他夏天不怕热，冬天不怕冷。酷暑盛夏，他总是整洁的衬衫领带，开运动会时在烈日下一站就是几个小时，不头晕，不中暑。严寒隆冬，从不穿棉衣，外出时加一件呢绒外套。一位女学生打赌说马教授的衬衫里藏着毛衣，但掀开衬衣一看，根本没有毛衣，为此输了两斤苹果。

1930年，马约翰担任中国远东运动会总教练。1936年，担任柏林第二届奥林匹克运动会中国队总教练。1948年临解放，有人劝他离开北京，他坚决不去，说"世界上

马约翰故居一角

无论哪个党，哪个社会都得办体育"，留了下来，也影响了许多人留在清华。

新中国成立后，他两次当选全国体育总会副主席。1953年任国家体委委员。1954年起任全国体育总会主席，第一、二届全国运动会总裁判长，第一、二、三届全国人大代表。1958年获北京市网球双打冠军，创造了76岁达一级运动员标准，被毛主席尊为"新中国最健康的人"！

1966年10月30日，马约翰因心脏病在北京逝世，终年84岁。他为清华服务52年，著有《体育的迁移价值》《我的体育里程14年》《健康与体育运动》等多部著作，是中国体育运动的财富。清华大学特设立"马约翰体育奖励基金"，铸2尊铜像，1尊留在清华，1尊在其鼓浪屿故居西侧的"马约翰体育广场"，供人瞻仰。

马约翰故居坐落于鼓浪屿漳州路58号，是一幢二层的欧式别墅，呈曲尺形，素雅大方。自1900年他与哥哥离开鼓浪屿到上海后，直到他去世的50多年间，都没有再回来。100多年过去，别墅显得老旧，有的天花板也垂落，墙面斑驳，大约于20世纪80年代中期，别墅产权做了转移，新主人重修了别墅，基本保持了原貌，唯墙面色彩换成暗红色釉面砖，蹲在别墅群里颇为显眼。

别墅的环境，按当年状况，东为洋墓口的大片墓地，西邻大宫，即兴贤宫，祀保生大帝和迦蓝神关羽，宫前有一水井称大道公井，宫左边就是洋人球埔了；南面是实业家陈天恩牧师的别墅；北面是晃岩路；东南与林语堂新娘房廖家别墅紧邻，只隔一个小花园金鱼池，园中的龙眼树荫庇马、林两家，十分亲密。站在别墅的小阳台里，抬眼就见林语堂的读书楼和菲律宾木材大王李清泉的"李家庄"别墅，十分温馨亲和。这种格局在100年后的今天，仍如旧貌，只不过斯人大多已逝，物是人非了。走在这许多别墅的弄堂里，还能体察出当年的某些韵味，可惜的是如今周边的商业味太重了！

马约翰32岁时在上海与圣玛丽亚学院的戴聘恩女士结婚，生有4子4女，长子、长女患肺结核早逝，其余6人都是我国著名的运动员或北京体育学院（大学）的校长、教授，生活在海峡两岸和香港、美国，大都事业有成，希望他们有机会回鼓浪屿老家看看！

□文/龚洁　图/张昭春

陈仲赫故居

陈仲赫（1882—1931），字希周，同安阳翟人。清光绪二十七年（1901年）南渡缅甸仰光习商。光绪二十九年（1903年），庄银安、徐赞周等创办中华义学和益商夜校，聘仲赫为教习。仲赫与中国同盟会员秦望山交好，思想激进，对康有为保皇主张不屑一顾，倾心于孙中山的革命思想。光绪三十四年（1908年）三月，仲赫与徐赞周、陈守礼3人加入中国同盟会，6月组建中国同盟会仰光分会，仲赫为七个主盟人之一，任庶务长。8月参与创办机关报《光华报》，一度任经理，撰写、组织文章与保皇派论战，大振革命声势。此后，与居正赴南洋各埠宣传反清革命，协助组建各埠同盟分会。

宣统二年（1910年），仲赫受命赴香港，参加筹款采购军火，以备广州起义。次年染上恶性疟病，辗转返乡。在乡期间，参与灌口中国同盟会工作，与堂侄陈延香组织同安青年自治研究会，是组织领导同安光复的主要首领之一。

1912年元旦，孙中山就任中华民国临时大总统。汪精卫、胡汉民、居正多次函邀仲赫赴京供职，并汇3000元安家。仲赫退款复函婉拒："钟鼎山林，各有天性。男儿志在报国，功成身退，了无所憾。"

1915年，为反对袁世凯复辟帝制，仲赫潜往鼓浪屿加入中华革命党，为灌口庄尊贤的闽南讨袁军筹集经费枪械，被福建督军李厚基列名通缉，避难槟城。次年6月袁氏败亡后才返回同安。1917年10月，仲赫应张贞函邀前往汕头，参与闽南靖国军的组建工作。次年闽南护法战争失败后，仲赫

即脱离军政界。1926年11月，北伐军占领同安，仲赫面请104师师长张贞拨款3000元充作庄尊贤、潘节文二烈士抚恤金。1930年参与筹款建造同安钟楼和校场烈士陵园，纪念庄、潘二烈士。

仲赫在乡期间，专心致力于发展家乡的教育、公益和实业。1913年，与陈延香创办阳翟小学，备函介绍陈延香往南洋各埠募捐基金。1917年，协助陈嘉庚创办集美女校。1924年，又协助延香到南洋筹款，创办公立中学。仲赫认为桑梓建设之急务，一在教育，二在交通。他曾参与筹办建设泉（州）安（溪）公路公司并任董事。1922年，挟其经验，全力协助陈嘉庚筹办同美汽车路公司，开筑同美公路。次年，又倡议开筑同（安）溪（安溪）公路，任同溪汽车路公司经理。

陈仲赫故居位于同安区祥平街道阳翟村荔枝宅二房三22号，与启悟中学毗邻，房屋为闽南地区普通民众所建的七架厝。硬山布瓦顶、砖木穿斗、抬梁混合式结构，面阔三间10.85米，进深7.8米，占地面积85平方米。前后有院，前院面积约30平方米，后院面积略大于前院，后院置有厨房和井。房屋简约干净，玲珑小巧，很有生活情趣，为小康之居。房屋的厅堂两翼墙

建于20世纪30年代的陈仲赫故居

与寿堂绘满松鹤、春景、冬景、山居、荷花等图画，其中一幅署名鹭门陈利华，画作颇具功力，应为名家佳作。中堂和两侧的竖柱上书有对联，中堂联为："赫赫事功留青史，成就慧果证菩提。"陈仲赫后期信佛，该联估计是其后人为陈仲赫人生写照所题。两侧竖柱的对联为："庭训以义方施教子孙恪遵，祖泽秉书香传家德智并茂。"联无款，何人所书无考。

1917年10月10日，北洋军阀厦门镇守使唐国谟以"暗中联络孙中山图谋不轨"罪名，密令军警追缉。陈闻讯避走广州，翌年9月返回家乡阳翟后，在致力于家乡的公益事业的同时，对佛学有了浓厚的兴趣，倾心礼佛。他在家设佛堂，虽无晨钟暮鼓，却也长斋修身。

1931年初，陈仲赫积劳成疾，在患病期间，拒绝服药，直至病逝，终年49岁。育有二子，长子名世共，次子名世空，从二个儿子的命名中可以窥视他一生的思想脉络和追求。

□文/洪文章　图/陈娜

李禧故居

李禧（1883—1964），字绣伊，号小谷，厦门人。善书法、工诗文、灯谜，勤于著述，是厦门文化名人。自幼聪敏好学，师事岛上名儒周殿薰、蔡谷仁。清末毕业于全闽师范学堂后，执教厦门鸿麓小学堂，两年后升任堂长，并加入中国同盟会，在师生中传播革命思想。辛亥革命后，担任厦门参事会秘书。1912年起就任竞存两等（高等、初等）小学校长，连任达21年。1913年1月被选为思明（厦门）教育会副会长。20世纪20年代担任厦门市政会两届董事四年，为厦门地方改革和市政建设出谋献策。

抗战爆发后，李禧以诗文开展抗战宣传活动，并任厦门防空会秘书。厦门沦陷时避居香港四年，以担任家庭教师谋生。1941年5月因母病返鼓浪屿，以招生授徒谋生。日军占领鼓浪屿后，1942年回厦门盐溪街居住，仍以集徒课读维持生计。多次拒绝日伪当局的威胁利诱，始终不愿事敌。因此抗战胜利后厦门报刊登载沦陷期间《厦门义士小传》，李禧名列榜首。

抗战胜利后，任市临时参议员、市立图书馆馆长、厦门文献委员会副主任、市修志局纂修。为筹划恢复厦门图书馆和编纂《厦门市志》呕心沥血，矢志不渝。新中国成立后，任市图书馆馆长、市政协常委、省文史馆馆员。

李禧

任内广泛征集、搜购明清刊刻善本古籍，充实馆藏，直至1961年退休。主要编著有《厦门市志稿》、《紫燕金鱼室笔记》、《梦梅花馆诗钞》等。

李禧故居位于中华街区盐溪街15号。在这条街上居住着不少厦门名人，陈桂琛故居在街的18号，林采之在32号。早先有一条盐溪从街道蜿蜒而过，因此街道被称作盐溪街。后来，盐溪被建成暗溪，从街道下面通过。因为这里是厦门中心区域，是风水宝地，居住着许多有身份的人，因此为了维护治安，盐溪街设置了两道朝启暮闭的隘门。著名书法家吕世宜在门上题词"中流砥柱"，因战乱隘门早已毁弃，构件丢失，今已不存。故居是李禧祖上购置，是李禧的出生地及此后一生所居住的建筑。

故居是一座砖木结构两落传统民居，马鞍脊屋顶。坐西朝东，占地面积约300平方米。该建筑的正门开在建筑物北侧、连接前后进的廊道部分。正门对着街道，十分朴素，檐廊也没有任何装饰。墙已抹上白石灰，看不出墙砖。但在廊墙部分，还可看到

李禧故居全景

墙裙是花岗岩，墙体是闽南特有的红砖。进入大门，迎面是一道漆成红色的屏风式木隔墙，上面没有任何雕刻、装饰。两根裸露着砖块的砖柱支撑着走廊的屋顶。

转过屏风墙壁就是天井，三面房屋都围绕着天井而建，有如四合院。天井低于地面约30厘米，地面上铺设方砖，上面没有屋盖，这是为了获得阳光的照射，也方便排水。雨天的时候，屋顶上的水流到天井里，并通过排水系统将水排到屋外。因此，天井

常常是主人养花种草的最佳场所。李禧一生最喜欢紫燕花和金鱼，因此，他在世时，天井种了许多紫燕花，养了许多金鱼。在天井内，我们还能看到当年他养鱼的金鱼缸。

前落部分是李禧的书房和卧室。书房居于中间，外侧的木隔墙没有雕饰，只是涂上红油漆，这就是他的"紫燕金鱼室"书斋，他的著作《紫燕金鱼室笔记》，就是在这间书房内完成的。书房狭长，开着两道门。门边摆着一个柜子，有三个抽屉，上有一层搁架和一面镜子，有些简单的雕饰。柜子上是祖宗像。旁边有两张红木椅子。另一侧的墙边也摆放一对红木椅，中间有一张茶几，雕饰较为精美。此外，还有书架等，都是李禧当年使用的旧物。书房的两侧是两间厢房。从书房有一道门可以到后面的一个小庭院，庭院是狭长的，不大，种了一些花草，当年这里一定也种着一盆盆紫燕花。原先李禧在这里还建了金鱼池，一尾尾金鱼在里面悠闲地游着，陪伴着李禧度过一个个岁月光阴。

顶落是这所房屋的正厅，两侧是厢房，是传统民居的装饰风格。巷廊（厅前的走廊）较为宽大，地面已换成现代的瓷砖。屋顶的梁架及厅前方是四扇格扇门，因没有进行保养，显得十分老旧。门扇下部为裙板，格心部分为直棂窗，没有雕饰。厅内梁架系穿斗、抬梁混合结构。厅内光线较暗，没有较多的家具摆设，现作为客厅和餐厅使用。

故居现仍由李禧的子孙居住。不时有一些不速之客慕名前来探访这位厦门文化名人的故居。2006年开始的中华街区改造，不知这座房屋的命运如何。

□文·图/谢明俊

李禧故居

李禧的紫燕金鱼书斋

陈文确、陈六使与文确楼

陈文确

陈六使

　　以陈文确、陈六使兄弟为代表的文确家族无论在故乡集美还是侨居地新加坡，都是一个备受赞誉的家族。这个家族在陈嘉庚先生的影响下，长期热心公益，无私奉献教育，造福社会民众，对东南亚华人华侨社会和祖居地均做出巨大的贡献，深受广大侨胞和家乡百姓的爱戴和敬仰。

　　清光绪十二年（1886年）和光绪二十三年（1897年）陈文确、陈六使先后出生于集美大社，父亲名缨邻，育有七子，兄弟七人，文确和六使分别排行第三和第六。因家庭贫困，父母仅供文确上私塾读书。1902年，集美瘟疫流行，父母染疫双双病故，兄弟七人在兄长带领下艰难度日，文确被迫中断学业。1903年，兄长决定先让较有文化的文确南渡新加坡谋生。文确初在乡亲经营的舸船上从事搬运工，不久，转到族叔陈嘉庚创办的谦益橡胶公司做工，因其任劳任怨，诚实细致，逐渐被陈嘉庚提升为书记（账房）、经理，直至橡胶园总管。1916年，陈六使也南渡出洋到益谦公司做工。最初也做搬运工，因干活十分卖力，半年后便被提为领班，以后逐渐发展为谦益公司的骨干。陈文确兄弟在陈嘉庚企业工作的十年，是陈嘉庚实业腾飞的十年，也是文确

兄弟掌握橡胶生产和经营管理、积累经验的关键十年。1925年，文确兄弟先后脱离陈嘉庚企业，创办了益和树胶公司。三年后，益和公司即跻身于新马十六大橡胶企业之一。至1938年，益和公司的树胶分厂已遍布东南亚各地，产品远销欧美国家。此后，文确兄弟又向金融、保险业发展，先后参与创办新加坡大华银行、亚洲水火保险有限公司、亚洲人寿保险有限公司、新加坡华侨银行、新加坡华联银行以及厦门集友银行等。

　　文确兄弟在发愤创业的同时，热心社会公益事业，积极参与华侨社团活动。从1933年开始，文确兄弟即潜心支持陈嘉庚办学，先后捐助办学经费上千万元。抗战期间，文确兄弟多次捐出巨款，支援祖国抗战。1945年8月，在同安创办了同民医院。1947年，同安疟疾大流行，文确兄弟捐购大量药品送抵同安，拯救了大量染疫乡亲。抗日战争和解放战争期间，集美民众两次遭受战争严重破坏，为此，文确兄弟又捐资数百万元赈灾济贫、重建家园。1953年，文确兄弟在新加坡创办南洋大学，并长期捐助南洋华

建于1937年的文确楼

文确楼侧立面

文确楼女儿墙上的西式楼牌

侨中学。文确兄弟一生为侨居地和家乡的捐赠数额，难以计数。文确兄弟急公好义的优良品德，我们可从当年陈嘉庚给集美校董陈村牧的信中窥见一斑，信中写道："六使君之慷慨宏量，为余万分钦佩。余为劝他汇款到祖国，致使（其损失）新加坡币80余万元，又被义成欠50余万元，两条计百余万元，损失其家资几达半数之多。他不但无一怨言，尚再极力帮助，余实名感无任。"

文确兄弟在新加坡德高望重。从1945年至1964年，陈文确蝉联新加坡同安会馆主席达19年之久。而陈六使则长期担任了新加坡中华总商会、福建会馆及怡和轩俱乐部华人社团的领导人。1966年1月14日和1972年9月11日，文确兄弟先后在新加坡逝世。

1936年，文确兄弟在故乡集美大社清宅尾角购置了一片土地拟兴建两座楼房，作为回乡时的居所。1937年，南楼落成。次年，因厦门沦陷，北楼兴建计划未能实施。

南楼，人们习惯称之为"文确楼"，现编集美集岑路206号之二。该楼坐北朝南，由主楼和副楼组成，三层，西式建筑样式。主楼面宽三间计10米，进深两间计8米。副楼面宽三间计10米，进深一间计4米，总占地面积180平方米。主楼和副楼间外立面以墙体连接，外观似一座整体楼房。内部设左右天井，以3条行廊相接，中部行廊为主通道，较宽；左右廊为辅道，仅供一人通行。两楼台基为花岗岩条石砌成，墙体为砖砌，墙面以水洗海蛎壳抹面。室外梁柱及楼面为钢筋混凝土结构，室内梁柱及楼面为砖木结构。室内地面铺设红色斗底砖，室外铺花岗岩条石。主楼一层明间内凹，形成入口前廊。前廊中部设6级入口台阶，左右设栏杆。二、三层设均设前、后廊，栏杆由绿釉瓶式座杆叠压花岗岩条石板构成。主楼中间为大厅，设对开大门。东西两侧各设房四间，一、二层布局相同。三层外围内收，形成回廊，内部中间设廊，左右各设两房。一、二层大厅后部设木楼梯通往二、三楼。主楼的柱头、廊檐、窗套及山花为重点装饰部位，尤其是柱头、廊檐堆塑着繁复灰雕装饰。柱头堆塑西洋式的花草，而廊檐则装饰了麒麟、翼马、狮头、鹭雁、喜雀、花卉和卷草等。二层廊顶中部设西洋式楼牌，楼牌中间球形装饰上镌刻建筑年代"1937"，上部装饰男童天使。屋顶为四坡顶，上铺红色板瓦。两侧山墙亦作成西式楼牌样式，东面山墙雕塑翼龙，西面山墙雕塑徽章纹样。附楼一层设前走廊，二、三层设前、后廊，中间为厅，左右设两房。屋顶为双坡顶，上铺红色板瓦，两侧山墙做西式装饰。文确楼前后均有宽敞的花园，主入口设于花园东南侧。

文确楼甫建成，内装修尚未进行，日寇即攻占厦门，集美学校被迫内迁安溪、大田等地。因此，直到抗日战争结束后，该楼才由五弟陈文知装修入住，陈文确和陈六使几次回乡时，均在此小住。2006年11月，陈文确和陈六使的子孙回乡谒祖，并决定出资修缮文确楼。今后文确楼将开辟为陈氏家族纪念馆，以此以纪念先辈、教育后人。

□文/陈娜　孙家庆　图/陈娜

陈延香故居

陈延香

　　陈延香（1887—1960），又名树坛，字澄怀，晚年号慧香居士。清光绪十三年（1887年），陈延香来到人间，有兄弟姐妹3人，延香排行第二。父亲是个秀才，长年任乡间塾师，家境还算富裕，陈延香在阳翟老屋度过欢乐的童年，并完成学业。19岁时，其父病故，陈延香继承父业，在灌口、角尾当乡村塾师，担负着一家人的生计。也就在此期间，他认识了陈胝臣、庄育才等人，共同的革命理想，相约加入中国同盟会，从此走上了民主革命的道路。

　　辛亥革命前夕，陈延香在同安组建青年自治研究会，被选为副会长。此后，一直在家乡奔走呼号，鼓吹民主革命，组织人马。辛亥革命中，与同村陈仲赫等人发动青年自治会会员，打出同安革命军旗号，与庄尊贤率领的灌口革命军里应外合，于九月十九日光复同安县城。1913年，陈延香被推选为福建省议会议员。1915年，福建省长、军阀李厚基解散省议会，延香因反对袁世凯称帝被通缉。第二年袁死，陈延香复任议员，积极建言献策，为兴国助力。

　　1924年，陈延香卸任省参员，闲赋在家，将任内为民请命的提案汇编成《延香建言录》，真实地反映了当

时同安官吏的贪婪，军阀的残暴，民生的困厄，教育的衰败，以及沿袭清代陋规等一系列社会问题，敢怒敢言，疾恶如仇，他在自序中写道："明知时局蜩塘，徒口贾祸，亦不稍存顾忌，敕我职权。耿耿此心，差堪对我父老兄弟耳！"《延香建言录》送请省议会议长林翰题签、作序，林翰展读之，喟然曰："十年以来政之阙失，民之疾苦，可言者之多，一至于是哉。"陈延香在家中整理并加注明代同安乡贤郑得潇遗著《我见如是》，其中一节批注："看来天地间别无毒药，只一利字，是真正杀人之最毒之药。五伦中着此一念，一切血性皆无用矣。末俗此毒更甚，吾欲以此篇敬告今军阀、官吏、议员、政客。"一副铮铮铁骨，跃然纸上。

辛亥革命后，延香怀着教育救国的思想，致力于举办教育。1913年，创办阳翟小学。1924年，创办公立中学。先后4次出洋，历经东南亚80多个城镇，劝募教育基金10多万元。1931年，公立中学改为县立，1934年停办。1935—1937年改办职业学校。小学则一直延续到新中国成立后才由政府接办。此外，延香还于1917年任过同安县劝学所所长。1920—1922年，应陈嘉庚之聘，任集美学校总务主任兼女子小学校长，代理集美中学和师范学校校长，参与筹建厦门大学。

延香热心家乡的实业建设和公益事业。1924年招股开设仁爱医院和公中银行。1929年往新加坡劝募教育基金期间，倡议组建新加坡同安会馆。

同安阳翟村的陈延香故居

其后，相继任同安侨办同美汽车公司经理、同马灌角汽车公司经理，同安佛教会养老莲社院董事，同安救济院院长和同安县筹赈会常务委员。抗战胜利后，他出资创办阳翟图书馆，自任馆长，致力于收集文物与整理古籍，并钻研医学，种植多种中药材，方便群众。他还从菲律宾引进"一见喜"在同安广为栽种。新中国成立后，他抄录、整理许多民间验方、偏方，寄送给省卫生厅。所藏图书、文物全部捐献给同安图书馆和同安一中，并曾多次建议政府修《同安县志》。

1957年，陈延香被打成"右派"，从此他离开故乡的故居，再也没有回来，就连死后尸首也葬在异土他乡。享年74岁。

陈延香故居内的纳凉亭

陈延香故居在今祥平街道阳翟村东南的荔枝宅，门牌号为二房三里292号。故居为其父亲陈仲信始建，硬山布瓦顶燕尾脊，主屋二进，中间天井连接，后进天井置一拜亭，两侧护厝，左前侧护厝为二层楼房。陈延香增建书房，取名"宜宜楼"，意为宜书宜画。全屋总宽度22.5米，总进深31.6米，占地面积711平方米。主屋面阔11.8米，前落进深5.8米，面阔三间，后接二厢房。后进三开间，进深8.05米。拜亭卷棚布瓦顶，宽5.3米，深3.5米，与厅堂相接。两侧护龙厝各一列，宽10.7米，长与主厝同。主体建筑基本保留原来状态，部分墙体泥灰脱落，部分木构件有些微腐朽。左侧护厝前原有八角亭楼，"文革"期间其后人自行拆除，并在原地建有条石平房。故居坐落在浔江畔，周围原有成片荔枝林和一些杂木，古木参天，风景十分宜人。现荔枝林已毁，唯右后侧一棵百年芒果树尚存。古老的果树伴随着百年老屋，诉说着无限的沧海桑田。

□文／洪文章　图／陈娜　陈笃豪

李清泉故居

李清泉（1888—1940），原名回全，清光绪十四年（1888年）生，福建晋江金井石圳村人。少时曾就读厦门同文书院。1901年，到菲律宾其父李昭以开的"成美木厂"学习木材商业经营。由于他悟性颇高，5年后就独立主持木厂业务。他兢兢业业，诚信为本，广结商缘，业务得到巨大发展，成为菲律宾的"木材大王"，享誉菲华社会。

从1919年起，他连续六届蝉联马尼拉中华商会会长。又在菲律宾创建合资的中兴银行，为他的木材生意保驾护航。

李清泉

李清泉致富后，不忘祖国和家乡，首先在石圳建了"华侨学校"，又到厦门创立"李岷兴置业公司"，投资300万银元，兴建厦门新路头到沙坡尾的海堤。在厦门建了近20幢大楼和别墅，在鼓浪屿建了"李家庄"和容谷别墅。

1922年，北洋军阀滋扰闽南，他组织"旅菲华侨激进会"，任会长，支持孙中山。1925年，他又在马尼拉召集"南洋闽侨救乡会"，被举为总理。

1933年11月，国民党反蒋介石的李济深、陈铭枢等联合十九路军将领蔡廷锴、蒋光鼐发动"闽变"，成立"中华共和国人民革命政府"，他在菲募得20万银元捐款，支持革命政府肃清匪患。

抗战爆发后，他发起组织"菲律宾华侨抗敌后援会"，任会长。1938年又任南洋华侨筹赈祖国难民总会副主席，救助难民。

1940年10月15日，他在美国求医不治，临终立下遗嘱：捐10万美元救济抚养祖国的难童，被誉为"至死不忘救国"的人，年仅52岁。

容谷别墅坐落鼓浪屿升旗山麓，是李清泉众多别墅中最漂亮豪华的一座，现编旗山路7号。别墅大门口几棵古榕，把入口处掩映得如山谷一样，但大门上的名称却是"容谷"，可解读为此谷有容乃大，意义更深了。

1925年前后，李清泉投资30多万银元，在厦门中山路建了一列四层大厦，又在思明南路、虎头山等处建了高级楼宇。在鼓浪屿的"李家庄"已不够居住，即在升旗山麓买下地皮，建造容谷别墅。

容谷分大楼和小楼，由旅美中国工程师设计并督造，1926年动工，1928年竣工。入口处榕荫密蔽，左边是大假山，右边是小假山，山上均建有观景亭眺望厦鼓美景。入口后是欧式花园，中心设欧式喷水池，园

李清泉故居容谷别墅

内用特意打造的彩色花岗岩卵石铺成花式曲径，显得清静高雅。径边有七棵南洋杉，显示主人是经营木材的，现已粗大得需双人合抱。

花园左边建有一幢小别墅，是李清泉夫妇特意为大姐颜雪建造的，作为她照顾小妹颜敕的报答。1906年，姐姐颜雪带着小妹颜敕嫁到李清泉家乡的石圳村，颜家姐妹都长得美丽动人，李清泉的母亲看中了小妹，三番五次去向颜雪为儿子求婚，精诚所至，金石为开，颜雪终于答应了这门亲事，但她对李清泉母亲说：我们俩自幼父母双亡，姐妹相依为命，小妹在母亲分娩时满盆金光，是带着财富来到人世的，她一定要嫁一个有钱又能善待她的人。颜敕嫁给李清泉后，果真李家财源广进，并在马尼拉独资兴建一条"树日街"。这幢别墅就是李清泉送给大姐的纪念礼物！因颜敕十分喜欢容谷，李清泉就把别墅房契注册法人为李颜敕，让她成为容谷的主人，也就留下容谷姐妹别墅的美誉！

容谷别墅的立面设计非常有特色，主立面的中部凸起是门廊和阳台，剁斧大廊柱通高二层，颇有气势。柱下是花岗岩双向台阶，迎面正中是拱心石券门，券顶就是钢花雕栏小阳台，还有一点巴洛克风韵，形成主入口的优美组合，特具艺术美。整座别墅为清水红砖，配以白色廊柱，红白相间，色彩质感强烈，碧海蓝天，花园绿荫把别墅衬托得分外有美感。两个侧面以廊柱和阳台为装饰重点，虚实结合，简繁对比，不同位置的不同栏板点

李家庄之一的门楼

李清泉夫人与女儿在别墅前留影

缀了整座建筑。南立面的窗户设计颇为出色，大小长短，显示出流动感。东立面增加一个拱形装饰窗，它的右侧又设上下串联的装饰小窗，与窗下小庭院和谐配合，形成颇可把玩的艺术墙面。

别墅为三层，由于主人是经营木材的，内部装饰全部使用进口高级木材，赤楠的地板、楼梯和门窗，至今仍完好如初。一层为李清泉的书房和办公地方，辅以休息间和客房；二层是他们夫妇和子女的卧室，中厅置真虎皮长沙发；三层是议事厅和招待大厅，后厅选用得过亚洲博览会金奖、直径达二米的整块赤楠圆桌和高级家私，十分气派。

别墅的环境设计也颇具匠心，东北角为堆土假山，上建有小亭和休闲观光平台；西南角特挖了一个风水池，永不干涸，滋润着别墅和花园，营造出一个幽深的小景区，使别墅有了宁静、高雅、舒适、湿润的居住环境。

1925年3月，李清泉在马尼拉召集"南侨救乡会"，被选为总理后，他把救乡会迁到容谷，与福建、厦门各机关团体协商联络救乡事宜，还召开救乡代表会，落实救乡事项。

1946年夏，闽南大旱，米价狂涨。华侨纷纷捐款赈灾，李清泉夫人颜敕携款于1947年1月回到鼓浪屿，在容谷三楼举行记者招待会，征求赈灾款项分配意见，将华侨捐款按方案如数分发到闽南和金门七个县市。

容谷别墅在抗战期间，曾住进日军司令部官兵。厦门解放前夕，国民党汤恩伯部二十九师师部也住进了容谷，小别墅是师部的机要室，楼顶装了许多通信天线。新中国成立后，解放军在容谷住过二三年，由于主人善于应付和管理，别墅没有遭到太多的损坏，才使今日容貌依旧，实为幸事！

□文/龚洁　图/白桦

庄希泉祖居

庄希泉（1888—1988），清光绪戊子（1888年）九月初九日生于厦门，9岁入私塾读经。后就学于秀才陈观波门下，陈是南洋归侨，思想开明，常讲些孙中山在海外的革命故事和介绍革命家章太炎、邹容的书给学生读，使他思想深处种下爱国的种子。18岁那年，其父庄有理却派他到上海担任"庄春成商行"经理，希望他继承祖业，在商界发展。可他却常到反清志士聚会的"漳泉会馆"走动，并结识了被孙中山誉为"功在民国"的举人沈缦云，成为至交。从此，庄希泉投身于革命浪潮，并为之奋斗了一生。

庄希泉

辛亥革命武昌首义之后，上海成立了军政府，陈其美任都督，沈缦云为财政总长。可是国库空虚，财政赤匮，军无粮饷。军政府派沈带领"南洋募饷队"到南洋募饷，庄为募饷队员。临行，队长换了人，到新加坡后，新队长又渎职被撤换，庄接替了队长。在新加坡，庄首次会见了侨领陈嘉庚，很快就完成了募集10万饷银的任务。庄转往槟榔屿，由陈新政等介绍参加了中国同盟会，不久回到厦门。

1912年孙中山被迫辞去临时大总统职务后，筹组"中华实业银行"以实业救国，他派沈缦云负责筹集1000

万股，其中一半仰赖华侨。沈想到了庄希泉，并率员来到厦门，登门相求庄再下南洋完成孙中山的计划。在厦门，庄与沈缦云一行游览了南普陀，随行的年锡、王蕴辛填《浪淘沙》词一首，其跋曰："沈君缦云有南洋之行，住宿鹭门。庄君希泉导游南普陀山，余填此词，以志鸣谢。时民国纪元五月七日也。同游者（略）。"词曰："云气欲成龙，露吐长虹。夕阳红下最高峰。我自摩崖书奇句，不要沙笼。高唱大江东，海阔天空。古今凭吊英雄。明日扁舟春水涨，万里长风。"此词由晋安苏松书写后，刻在南普陀山巨石上。今天读来，仍能体会到他们风云际会、指点江山的胸怀！

沈、庄一行到达南洋后，很快就完成了招募500万股的任务，"中华实业银行"由孙中山为名誉董事长，沈缦云为总行行长。南洋总分行设在新加坡，由实业家陆秋杰任经理，庄任协理。

1917年，庄与张永福、陈楚楠、林瑞轩、黄肖岩等发起创办"南洋女子师范学校"，后改名"南洋女子中学"，陈楚楠为总理董事长，聘余佩皋为校长。两年后，庄接任总理董事长。余佩皋，出生于苏州书香名门，

厦门虎头山上的庄希泉故居

父亲是举人。毕业于"北京高等女子师范学校",曾任桂林"省立女子师范"、北婆罗洲"中华学校"校长。庄慕名特邀她到新加坡任"南洋女中"的校长。余虽系名门闺秀,却思想进步,她冲破女校不聘男教师旧规,聘张国基当教师。五四运动中,她率女中师生上街游行,声援北京。奔走抗议英国殖民当局镇压学生的《海峡教育条例》,她与庄希泉一起联合教育界人士成立"华侨学务继持处",发动大规模的"争人格、反苛刻"斗争,她

1922年5月庄希泉在庄氏祖宅创办"厦南女中"

为此回国到厦门、上海、北京,要求祖国政府提出国际交涉,庄则向英国殖民当局请愿。

为此,英国殖民当局两次逮捕了庄希泉,并将他"永远驱逐出境"。在这危难时刻,庄希泉和余佩皋毅然举行婚礼,决心携手共赴将来的事业!

1922年5月,他们俩在厦门虎头山草仔垵庄氏祖宅创办"厦南女中",接受华侨子女入学。厦南者,厦门、南洋之谓也,是对南洋父老兄弟姐妹以及"南洋女中"的思念,余任校长,庄为董事长,以此向殖民主义示威。可是当厦南女中师生为上海"五卅"惨案上街游行,号召抵制日货,庄希泉组织"外交后援会",领导厦门的罢工、罢课、抵制日货以后,日本帝国主义、国民党右派借机拘捕了他,还押往台湾审理,庄用计脱险后到上海。

庄、余看穿了国民党右派的所作所为,毅然于1927年4月反革命政变后离开了国民党,流亡菲律宾。他在马尼拉创办《前驱日报》,宣传抗日反蒋。1934年,国民党趁庄回厦门时,由宪兵将他逮捕,扬言要"处决"他。日本又提出庄在台湾"脱逃"的往事,要求引渡去日本。庄被关押在鼓浪屿日本领事馆警察局的地下拘留所,经多方营救出狱。而他的夫人余佩皋却因奔波周旋,积劳成疾而去世,给他沉重打击。

抗战初,庄去香港主持"福建抗日救亡同志会",救助难民,同时

创办"建光学校"、"立华女中",并与台湾革命同盟一起出版《战时日本》。香港沦陷,庄在周恩来的安排下,与爱国民主人士一起撤往桂林。

抗战胜利后,庄在新加坡创设"捷通行",经办侨批,兼营进出口贸易和营销内地和苏联的进步影片。1947年加入中国民主同盟。1949年,人民政协召开前夕,中共中央邀请陈嘉庚参加会议,通过港澳工委请庄去会见在新加坡的陈嘉庚先生,转达中共的邀请,完满地完成了任务。新中国成立后,庄被任命为中侨委副主任,后又担任全国侨联副主席。"文革"中坚持原则,敢讲真话,是共产党的诤友。1982年95岁时加入中共,是中共历史上年龄最高的新党员。1987年9月,庄任全国侨联名誉主席,全国政协副主席。1988年5月14日,他在北京逝世,享年100岁。

庄希泉的祖居,在虎头山上和北麓的草仔垵,包含住宅别墅和用作教学以及宿舍二部分连成一片。住宅别墅坐落虎头山巨石上,坐东朝西,正对鼓浪屿升旗山和九龙江出海口,视野特别宽,鼓浪屿、九龙江口金带水海域和南太武一览无余,有"门纳万顷浪"的气概。住在这里,除清新的空气、高远的海天外,可以俯视鹭江潮的涨落,眺望西沉的橘红夕阳,拥抱厦门湾外排列的担屿,收揽窗外波涛里的巨轮和帆船,胸襟浩灏,情怀激越。可惜,这住宅别墅由海军接管后,改造成军官公寓,原来的模样没有了,但环境情愫依旧。教学楼和宿舍,按余佩皋的日记乃是:"傍山临海,饶有风景。"新中国成立后由海军接管,改成医院。改革开放后,尤其是庄希泉去世后,全国政协一些委员要求收回庄氏祖宅,建设庄希泉纪念馆。

几经交涉,只是归还了医院占用部分,但还要在祖宅院内新建二幢大楼作为交换。近年又因环岛路、镇海路扩建而拆除了临海的几幢别墅,只剩下教学楼一幢别墅,现编镇海路21号,5个开间,一楼中间为通道,两旁为房间,正门外是敞开式箕形花岗岩步阶,阶下就是镇海大道。二楼中间为三开间内廊,是休憩观景的共享空间。屋顶原为双坡顶,正中为欧式山墙。两侧为半圆顶,有中式女儿墙连接过渡,形象颇为生动,这是当年颇有质量的私家别墅了。海军接管以后,为增加使用面积,将别墅的双坡顶、山墙、二个半圆顶全部拆去,加盖了第三层,成了平顶。

如今,别墅又做了整修,木地板换成花岗石,加进了现代建筑材料,作为"庄希泉纪念馆"的办公楼,它面对"第一广场"高楼,虽没有原别墅的风采,但仍有老别墅的风韵。

□文/龚洁　图/谢明俊

陈桂琛故居

陈桂琛（1889—1944），字丹初，号漱石山人，别署靖山小隐。小时候刻苦好学，入玉屏书院师从周墨史。1909年毕业于改制后的官立厦门中学堂。1912年以最优等成绩毕业于福建优级师范学堂，回厦历任省立思明中学、同文书院等校教师、主任、校务委员。1916年在厦门创办励志学校，专门招收女生就学，开我省妇女接受现代教育之先河。抗战期间学校被毁。1921年8月，参加由进步青年自发组织的"厦门通俗教育社"，该社创办的报刊，陈桂琛曾任编辑组主任，在其中发挥了重要作用。业余还承担平民夜校教学工作，并参加反帝反封建的爱国运动。1931年前往上海任泉漳中学校长。1937年抗战爆发前夕，应邀赴菲律宾宿务华侨中学任国文教师，后又受聘于古达描岛中华中学。时常在华文报刊上发表大量文章和诗词，宣传抗日。他写的抗战纪事诗达百首之多，影响很大。1941年太平洋战争爆发，菲律宾沦陷。1942年5月，率领侨校同仁进入兰老毕百雅渊山区，一边日耕夜读，一边组织华侨抗敌，援助抗日游击队。还多次拒绝日本人的利诱，始终不肯俯首事敌。1944年6月7日，日军进犯百雅渊，陈桂琛以抗日罪名被捕，惨遭严刑拷打，大义凛然，壮烈殉国，同难

陈桂琛

者28人。抗战胜利后，菲律宾侨界人士在古岛百雅渊的殉难处建立"百雅渊廿九位殉难义士纪念碑"。1947年12月，国民政府内政部颁令褒扬陈桂琛的爱国行为。

陈桂琛毕生从事教育事业，治学严谨，精文史、工诗词、擅书法、篆刻。著有《漱石山房笔记》及诗文集若干卷。1959年，《陈丹初先生遗稿》在菲律宾出版，共收录其283首诗和十多篇短文。1969年在他牺牲25周年之际，台湾和旅菲侨界、教育界发起出版《陈丹初先生成仁廿五周年纪念刊》，收集他的遗作。蒋介石、严家淦、孙科、林语堂等分别为纪念刊题词。

陈桂琛故居位于中华街区，该街区在清末民初是厦门的黄金宝地，不仅安静，而且离繁华的寮仔后、港仔后不远，是闹市中的僻静之处，自清代以来就是厦门有身份人较为集中的区域。陈化成、苏廷玉、黄世金、

陈桂琛故居的沿街围墙

林采之等以及许多华侨都在此建有住宅。文化界名人如李禧、王人骥、周殿薰也都居住在这里。陈桂琛故居位于今中华街区盐溪街18号，李禧故居位于毗邻的盐溪街15号。

故居系陈桂琛购于清末民初，是一座两落的砖石木结构传统民居，坐北朝南，占地面积250平方米。建筑物四周有一道围墙，两侧围墙离房屋仅有1米左右，而墙外却是别人的住宅，一家连着一家，形成一条街。故居的正门对着街道，不大的石框门，门额上刻有花纹，但已模糊不清。门边的围墙上安有绿色的硫璃栏杆。门口原有两只清代雕刻的石狮，应是建造这座房屋的主人用之于镇宅、避邪，可惜失于"文革"期间。庭院面积52平方米，地面铺红砖。旁边原种有一棵玉兰树，每到开花季节，满街飘香。围墙的内侧墙上由陈桂琛设计成书卷形状，将诗句等内容刻于其上，显示出主人对诗词的喜爱。只不过岁月流失，现在的后代已记不清诗词的内容。

从庭院登上两级台阶就是正厅。厅前有走廊。厅的外墙墙裙是以整块花岗岩砌成，往上是红砖，再上则是空斗砖。在两侧石窗的上方各有彩色的泥塑双桃，颜色至今依然鲜艳，隐喻着陈桂琛教书育人，桃李满天下。厅门是四扇木格扇门，格心部分为透雕花卉、人物，至今保存完好。只是原来的漆金，后代在进行维修时，已将整扇门漆成红色。门扇外原还有一层活动的门板，平时将漆金门扇遮盖，只有遇到节日才将门板取下，展现它金光闪闪的风采。门板上及门扇子上都由陈桂琛自己用毛笔在上面题写自己创作的诗句，可惜这些门板今已无处可寻。门扇内有透雕的格心部分另有一层遮板，晚上拉上则窗户关闭，白天再将它放

陈桂琛故居正厅

客厅供桌

下，可以透光和空气流通。厅面积约20平方米，地上铺设红砖，原两侧墙边摆放着红木椅和茶几，四周墙上悬挂着名家书画，是陈桂琛接待客人的地方，当年林尔嘉、李禧、王人骥、愚虞、苏警予、谢云声等好友常来此谈论诗词、书画，交流思想。厅也是祭拜祖先的地方，现厅中尚存当年的一张供桌和一张四方桌。供桌摆在厅后靠墙的位置，桌上摆放各类祭祀用品。四方桌是祭祀时用来摆放各种食物祭品的。供桌后的墙上悬挂着陈桂琛夫妇遗像。供桌做工精细，前板上雕刻着细致繁复的花卉纹饰，具有一定的艺术价值。厅两侧各有两间厢房。陈桂琛夫妇当年就居住在左侧的一间，右侧的一间则是他的书房。抗战期间，陈桂琛夫人携带二子三女避居香港、漳州，房屋托人看管，直到1945年才回到这里居住。但屋内的各种家具、古董、书籍等都已丢失殆尽。

厅后的天井，面积较小，两侧各有一座两层的小楼，每层仅有一间房。小楼以花岗岩为墙，系混凝土结构。右侧的小楼今已被拆除，仅存左侧小楼。原有的木梯已损坏，今代之以铁楼梯并设在楼外。后落是砖混结构。中间是一个小厅，原先有供桌，摆放多位祖先牌位，现已不存。厅的两侧各有一间房，是当时子女的住房。从中间的厅出去，有个不规则的庭院。一边有一口水井，另一边一棵已超过房高的芒果树，长得十分茁壮。

门扇木雕

□文·图/谢明俊

叶定国故居

　　叶定国（? —1938），字硕豪，别名打石兜仔，同安莲花镇埁柄村人。

　　民国初年，中国政局一派混乱，乱世出枭雄，时代"造就"了叶定国。1917年，孙中山在广州组织护法军政府讨伐段祺瑞，其部下闽南靖国军第一、二路军司令许卓然、杨持平在其泉州各县招集民军。叶定国以自卫乡里为名，要各族长献枪筹款，组织自卫。后又向云埔和澳内等乡派款，招兵买马，势力逐渐扩大，成为盘踞当地的一支地方武装。1918年，善于审时度势的叶定国为寻求更大的发展，接受许卓然、杨持平闽南靖国军的收编，被委为第五营营长，摇身一变，由匪而官。

　　靖国军攻进同安后，北军臧致平率部由厦门攻打同安。许、杨不敌，退入凤巢山与安溪。叶定国见形势逆转，便背叛靖国军，投靠驻守厦门的粤军陈炯明部第九预备队司令林柱高，受编后，奉命开往漳州训练。因所部军纪败坏，不久，就被陈炯明缴械遣散。

　　1919年5月，靖国军杨持平率师击败粤军，叶定国向杨持平要求仍归编靖国军。杨持平派其接防长泰的林墩等地。此后一段时间，叶定国便在莲花山与同安一带积极扩充实力。

　　1920年秋，驻漳州的粤军司令陈炯明奉调回粤，闽南地盘归福建督军李厚基管辖。叶定国趁机占据同安、长泰、安溪等地，并收编长泰土匪叶文龙为部属。

　　1921年，粤军许崇智入闽，联合部分北军推翻李厚基。黄展云发起组织福建自治军，张贞任前敌总指挥。叶定国再次背叛杨持平，投靠张贞，被任为自治军直属团团长，随军攻打泉州的北军张毅部。叶定国将团部设在同安县城内，连时任同安县长林学增也不敢惹他，任其胡作非为。不久，叶定国又将女儿嫁给同安商会会长许兆京的儿子为妻。后许兆京为同安县代理县长，许、叶联姻，叶定国有恃无恐，坏事做尽。

1922年，驻厦门的北军臧致平派兵攻打叶定国，叶败退至长泰。适粤军东路司令黄大伟由云霄、漳浦、诏安途经漳州到达同安，经张贞拉线，叶定国转而投靠，黄大伟任其为独立旅旅长，驻军于同安附近一带。不久，黄大伟奉召回粤，叶定国无所依靠，便率部退回老巢莲花山。

1923年孙传芳率军入闽后，派张毅及周荫仁率所部南下漳泉，与杨化昭等在同安激战。双方均无顾及叶定国，竟使叶坐山观虎斗，居然以旅长头衔在莲花山及长泰一带横行霸道。

1926年，张毅率军进攻叶定国。叶所部第一团叶定胜退守同安，第二团在长泰的林墩、江都被剿投降，叶定国部仅存一团。同年7月，广东国民

20世纪20年代叶定国兴建的叶氏祖祠

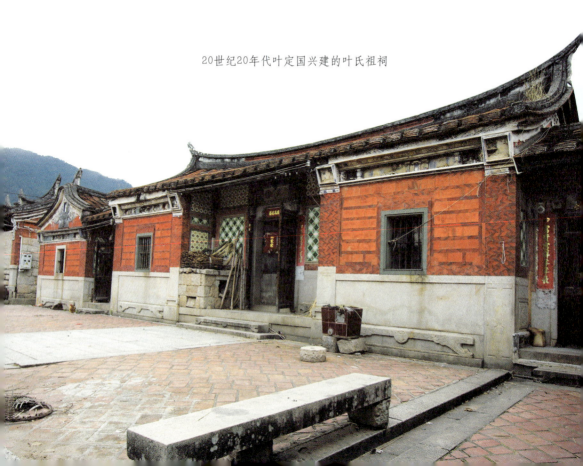

建于20世纪30年代的叶定国旧居"同字厝"

革命军出师北伐。10月，何应钦率领东路军入闽。驻守福建的北军见大势已去，纷纷倒戈。泉州、永春各县民军首领见局势已起变化，纷纷投靠国民革命军，叶定国亦不例外。时国民革命军独立第四师师长张贞率部经过同安，叶定国即随张部北上。新编军成立时，叶部被编为独立第二团，叶任团长。不久，叶部即受命开往莆田驻防受训。

叶部在莆田纵军扰民，军纪极坏，百姓怨声载道。驻涵江的海军陆战队伺机将叶部包围缴械，叶定国率余部急忙退走仙游，不料在枫亭、獭溪又遭海军陆战队和当地民众包围截击，伤亡大半。叶与余众遂狼狈退至永春湖洋，不意又遭湖洋民团刘子宽部伏击，至此部卒已所剩无几，叶仓忙带领残兵退回同安、长泰。

叶定国兵败退据老巢，又在莲花山私建造枪厂，制造"土汉阳枪"，每支售价80银元。经四处招兵买马，很快就东山再起。这期间，叶定国掠夺了大量的财富。20世纪20年代中后期，稍稍稳定的政局给了叶定国时间，他开始与族人共建了角落祖祠和叶氏祖祠。20世纪30年代初，他又着手修建同字厝。1938年，叶定国去世，民间传说他是被雷击死的。

　　叶定国故居"同字厝"位于莲花镇埈柄村的一座小山包南麓，背依莲花山，右拥大企山，莲花溪自东南边潺潺地流过。莲花溪两岸土地平坦而肥沃，埈柄属莲花湖与山交接的过渡地带，依山傍水，风景十分秀丽。叶定国故居为"同"字形厝，其建筑布局的灵感来自"同"字形态。相传叶定国本要建"同安"二字形的房屋二座，后因故只建"同"字厝。同字厝为砖、木、石混合结构。主屋前落硬山布瓦顶金字脊，面阔五间19.3米，深三间13米。后进为二层楼房，硬山布瓦金字脊，面阔九间32.7米，深一间（连廊）6.6米（廊2.05米），前后进间天井相接，天井中到后进处置一二层的廊楼。二层廊楼卷棚顶，宽15.95米，深一间3.2米，总楼高6.5米，为房主人茗茶赏月纳凉之处。主厝两边护龙环接成一封闭空间。右边的护厝为二层楼，楼高6.5米；左边后为二层楼，前为平屋。整栋房屋的重要地方设有枪眼，是一栋集住家与防卫为一体的建筑。

□文/洪文章　图/陈娜

陈水成、陈占梅与松竹园

陈水成（1892—1963），厦门灌口人，清光绪十八年（1892年）出生于同安灌口三社松柏宿（现属集美区），兄弟共三人，陈水成排行老大，二弟陈登梓早逝，三弟名占梅。少时，兄弟随父亲前往缅甸。成人后兄弟俩先后继承父业，陈水成经营顺和号土产行及碾米厂，并代理信汇业务，陈占梅则另创英顺美公司，兼营水上运输业。兄弟两人实行企业分管，财产共有，业务不断扩大，成为缅甸颇具实力的华侨商人。

陈水成

事业有成后，陈水成兄弟积极参加华侨社团活动。1928年，陈水成被推选为缅甸颍川公司董事长。1930年，又被推选为缅甸华侨总会副会长。这一年他汇款回乡，在家乡创办了私立莲山小学。1937年"七七"事变爆发后，陈嘉庚在新加坡成立了"南侨总会"，号召南洋华侨支援祖国抗战，陈占梅作为缅甸华侨的代表，被推举为"南侨总会"常务委员。随后，陈水成兄弟在仰光组织成立了缅甸华侨抗日救国总会，发动旅缅华侨为祖国抗战捐款捐物，有力地支援了祖国的抗日救亡运动。1942年日军占领缅甸后，大肆搜捕当地的抗日分子，陈水成兄弟被迫举家返回故乡灌口居住。

回到故乡后，陈水成兄弟看到许多逃难回国的华侨生活无着，便在灌口成立了归侨联谊会，创办归侨合作社，帮助难侨渡过难关。陈水成兄弟看到早年创办的莲山小学，因招生人数年年增加，而原校舍已无法容纳时，便慷慨解囊兴建了新校舍及运动场，使三社小学粗具规模。接着，陈水成兄弟又目睹灌口地区没有一所中学，农村子女到外地求学甚为困难，决心发动乡绅捐资筹建一所中学，但由于战乱时期经济及治安不良等各种原因，建校计划未能实现。抗战胜利后，陈占梅只身返缅重振企业，而陈水成则留居故乡，继续筹谋建校事宜。经过数年艰难筹办，至1957年，陈水成终于完成了兴建灌口中学的夙愿。

新中国成立后，留居家乡的陈水成先后担任了同安人大常委会副主任、同安县侨联主席、同安县政协副主席、厦门市侨联副主席等职。而陈占梅则于1951年率缅甸华侨回国观光团到北京，受到周恩来总理的亲切接见。1955年陈水成亲赴缅甸，向侨胞宣传新中国建设的伟大成就，动员华侨子弟回国念书，同时募捐创办灌口医院。1963年，陈水成不顾年事已高，再次赴缅甸争取侨汇，购买杉苗良种捐赠给国营林场种植。1963年12月27日，因劳累过度，陈水成在灌口病逝，享年72岁。

陈水成与陈占梅旧居的入口门兜

建于1943年的陈水成与陈占梅旧居

陈水成故居的各式窗套

　　松竹园建于1943年，这是陈水成兄弟从缅甸返回故居后兴建的自用住宅。该园由一座主楼和两列平房组成，位于松柏窟社西北部一个小山岗上，现编门牌号为松柏窟158号，总占地面积1000平方米。主楼坐北朝南，系一座典型的双角楼西式建筑，砖木结构，共两层。楼面宽三间计15米，进深两间计12米，明间为厅，中间设对开大门，次间各设前后两房，地面铺红色斗底砖。一楼大厅后设有木楼梯通往二楼。建筑正面设前廊，一层前廊简单朴素，廊柱为砖砌外抹灰。二层前廊则做了较多装饰，立面建成拱券式，中部为一大跨度的圆拱，左、右各簇拥着两个小圆拱。廊柱则以红色清水砖砌成，栏杆以绿色琉璃镂空方砖为护栏。主楼的东、西两端各向前加建一六边形角楼，角楼面宽、进深均为一间，东西南三面各开五个大窗，采光充足。主楼屋顶主体部分为双坡布瓦顶，前廊及角楼则为平顶，外沿加建女儿墙。廊顶中部及角楼中部各设三座西式楼牌。建筑外墙以花岗岩条石为基础，其余为砖砌抹灰。窗套、山花及女儿墙是建筑的重点装饰部位。廊顶女儿墙上镌刻行书"松竹园"三字。二楼大门门额上镌有建筑落成的年款"颍川　民国三十二年（1943年）中秋之月"等字样，而门框则镌刻对联："颍川衍派浴蘋蘩之可荐，两钱流芳庆瓜瓞以绵长。"横批为"景星云庆"。园内南面及西面各建两列回向，做厨房、饭厅及贮物间。回向均为单层，屋顶为卷棚顶，上铺红色板瓦。西南侧建有中国传统的卷棚顶入口门兜，墙裙为砖砌抹灰，墙身以红色清水砖及朱红底蓝彩做装饰。

　　　　　　　　　　　　　　　　　　□文·图/陈娜

彭友圃故居

　　彭友圃（1893—1931），今翔安区新店镇沙美村人。20世纪20年代初毕业于福州师范学校。1914年回乡创办新式学校，受到集美学校校主陈嘉庚、陈敬贤的赏识，被聘为集美学校教育推广部办事处主任。1926年秋，在集美加入中国共产党，同年11月，随北伐军回同安老家从事党的地下活动。1927年1月，担任中共同安县支部书记，在同安窗头、彭厝、黄厝、莲河等地组织农民协会。同年3月，在马巷成立同安县农民协会，被选为委员长，组织农民开展打倒土豪劣绅的活动。4月29日，同安县国民党右翼召

建于清末民初的彭友圃故居

彭友圃故居墙身上的砖雕装饰

开"护党拥蒋"大会，通缉彭友圃，他只好与李松林等人撤往南安、同安边界的前坂村，继续开展农民运动。

1927年底，彭友圃应越南河内福建籍华侨聘请，到河内大同学校担任教务主任，把当地私塾学校改为新式学校，教学用语由闽南语改为国语，学校面貌大为改观。但由于国内反动势力勾结河内闽侨社会的封建势力，将彭友圃驱逐出境。他秘密回到厦门后，不久病逝，年仅39岁。

彭友圃的故居在翔安区新店镇沙美村鹊峰下36-39号，清末民初始建。房屋坐北朝南，前、后两进，中为天井，西侧小护厝（榉头），面阔12米，总进深18米。前落大厝面阔3间，中为凹寿门廊及中厅，两侧厢房，硬山布瓦顶燕尾脊。后落面阔3间12米，进深3间8米，中为厅堂，两侧厢房，穿斗式梁架，硬山布瓦顶燕尾脊。门面及门廊以白色花岗岩为墙裙、墙腰，嵌入雕有夔龙纹"柜台脚"和案几纹转角柱础。西侧红砖镜面墙开有辉绿岩石框窗，门廊两侧对看墙有平安富贵纹砖雕，白色石框大门上镶嵌青石门当。整座建筑艳丽典雅，具有闽南"红砖厝"的风格。

□文/颜立水　图/张昭春

陈文总故居

青年时代的陈文总

　　陈文总（1895—1985），又名左武，字君文，别号逢场，同安县石浔村人。早年就读家乡私塾"秋芬书屋"，厦门竞存小学、同文书院。毕业后任教于厦门大同小学，兼《厦声报》编辑。1921年与友人创办厦门通俗教育社。1923年7月组织市民抵制日货，遭日本浪人刺杀身负重伤，后转至上海治疗。在沪参与创办上海漳泉中学并任校长。1925年加入中国共产党。1927年随北伐军入闽，任"兴泉永道政治监察署"政治监察员，发动民众反对封建势力。1927年4月遭国民党右派通缉转移外地，同年8月参加南昌起义，任指挥部秘书。1928年赴日本士官学校学习军事。1931年回国，任冯玉祥秘书兼所部军事、政治教官。后就读陆军大学，毕业后留校任战术教官。抗战前后任南京步兵学校教官、29军上校副团长、第三战区机要室主任参谋。参加长城保卫战、淞沪、台儿庄等战役，表现突出，被国民政府授予"云麾"、"忠勤"勋章。1941年赴缅印马考察军事，受到当地华侨欢迎。回国后任军令部第二厅少将处长兼中美英荷军事联合会秘书，负责对日情报及协调各国作战工作。后任中央陆军军官学校西安第七分校少将教育处长，培养包括郝柏村在内众多的青年军官。抗战胜利前夕，奉最高统帅之命撰写对联"一寸山河一寸血，十万青年十万军"发表在新闻媒体，激励广大爱国青年踊跃从军杀寇。抗战胜利后，奉派到晋南及洛阳、郑州等地负责日军投降及遣俘工作。后任第一军少将参谋长，不久擢升为陆军中将。1947年7月因反对当局内战政策退出军界返厦。不久赴香港筹办福建中学并任首届校长。2005年抗战胜利六十周年，中共中央、国务院、中央军委追授其由胡锦涛总书记亲笔题词的纪念勋章。

陈文总早年居住在厦门咸菜巷、上古街、民族路的房屋已经圯毁。1938年厦门沦陷后其家眷迁居鼓浪屿内厝澳路8号，1947年8月至9月，陈文总返厦后赴港前就居住这里。

这是一幢两层单角楼西式建筑。建于20世纪初，业主姓黄。该楼房位于笔架山西麓，毗邻交通要道，环境清幽，出行方便。建筑坐北朝南，为

陈文总故居

陈文总故居大门

陈文总故居的窗套

砖木结构。总面宽10米，进深6米，建筑面积约200平方米。平面呈外前廊式布局，西侧设角楼。主楼单层面阔两间，进深两间，共四房。中间厅堂分前后部分，面积约30平方米；东侧厢房分内外两室，面积约28平方米。角楼面朝主楼，单层面阔三间，进深一间，面积约36平方米。主楼底层与角楼之间内设走廊相连，其间有一楼梯通往二楼。楼梯为木质，中间有转角，采光条件一般。主楼底层南侧外走廊面积约14平方米，西侧内走廊面积约6平方米。建筑楼层高度约3.6米，内部通风状况、保温性能良好，可谓冬暖夏凉。建筑外部券廊为圆形拱券，三大两小，一字摆开，外观酷似拱桥上大小不一的五个桥洞，极具曲线美。二楼走廊围栏外墙立面，镶嵌着精美浮雕五处。图案为平面下凹式、由矩形边框所包围的棱型，或单个独立，或交相重叠，线条明快，造型大方。券廊间矗立四根方型廊柱，仿佛四尊坚不可摧的金刚，拔地而起，直擎屋顶。廊柱顶端是纤巧细腻的浮雕，令人百看不厌。图案像华贵雍容的流苏，又像霍然出鞘的剑首。廊柱中间缠绕两道醒目的攀磴，它们上覆下承，凹凸有致，大小错落，棱角分明，天衣无缝，浑然一体，与周围其他浮雕相映成趣。建筑外墙以精细加工过的花岗岩条石为基础，古朴典雅。沿街外墙使用红砖堆砌、白灰勾线的工艺，其余外墙均为内里砖砌、表层抹灰，趁其未风干，在表面以水磨喷沙，使之粗糙颗粒化，最后形成自然褐色效果。其特点是表面坚固、耐损，不容易变形、褪色，得以在近百年风风雨雨的侵蚀中基本保持原貌。建筑屋檐、墙柱、窗套，

均做角线装饰。临街窗台一律选用白色边框的单扇式玻璃窗，外面是西洋式双扇百合窗，既遮风避雨，又保证室内光线充足。角楼屋顶铺设一尺见方的红色板砖。主楼四坡顶全部选用中国式红瓦片。经过多年风吹雨淋日晒的侵蚀，不少瓦片已经老化，斑斑点点的霉渍随处可见，整体颜色黯淡。建筑室内地面用红色斗底砖铺盖，因长期使用磨损，过道地面已微微凹陷。楼上几个房间的椽梁天花板，因为历史上罕见的强台风造成雨水大量倾泻而淋坏塌陷。这些房间长期没人居住，因此房门稍一开启就霉味扑鼻。故居前有一狭长型庭院。靠近大门有口水井，长年有水，储量充沛，清澈甘洌。院墙高2米左右，为砖砌水泥抹平。墙头随意摆放几盆仙人掌和叫不出名字的花草。岁月已久，加上缺乏照顾，淡淡的夕阳中，一阵微风吹来，它们抖抖瑟瑟、萧萧飒飒。联想到据说这座建筑已划为"危房"，面临拆掉可能不久于世，令人不禁觉得这些植物格外孤独无助，寥落凄清。故居西、南两面临街。朝南的大门遥对着闻名远近的日光岩。门柱分别是一显一隐、一粗一细的两方立柱，典雅而结实。门柱上方是单拱式门洞，外形为对称式双曲弧线单尖峰顶，仿佛东正教教堂洋葱头式的外观。据里面的老住户说，原来大门是镂刻精美的木门，由于蛀蚀换成沉重单调的铁门，当年里面曾经有过的辉煌被严严实实地掩盖了。大门外原是一道三尺宽的明渠，为了净化环境、避免蚊蝇孳生，前些年这里覆盖石板变成暗沟。

据当事人回忆，60年前，短短的60多天里，这里发生了一些罕为人知的事情。也许并不惊天动地，但从这些类似明代归有光在《项脊轩志》里所深情叙述的家长里短中，人们或许可以窥见一位"曾经浴血卫山河"、戎马倥偬大半生的爱国抗日将领，淡出荣耀后此时此地他波澜起伏而又真实细腻的情感世界。

陈文总在这里接待了纷至沓来的客人，有熟人、至交、亲戚、同乡、老师、同学等各界人士。他朴素的衣

1947年福建旅港同乡会、旅港福建商会欢迎陈文总莅港纪念。前排居中者为陈文总先生

着、端庄的仪表、不俗的谈吐、亲切的态度，特别是低调的做派，都给不少人留下深刻印象。他的确是两袖清风、身无长物——既没有恒产，更没有储蓄。

也正是在这里，陈文总的多年好友、台湾籍民主进步人士、著名诗人卢乃沃先生专门为他赋诗一首《赠陈文总中将》。诗曰："怜君倚马才，小试事编辑。投笔怯壮志，振翅冲霄立。回翔视神州，大劫风云急。鹰扬驱外侮，鼠角萧墙入。运筹在帷幄，西域干戈戢。百战赋归来，粉乡活银邑。路上忽相逢，一笑下车揖。为君歌古诗，乘车与戴笠。缠绵旧雨心，世风不可及。儒将信风流，鹭江风习习。"诗人用独特的艺术表现手法，对陈文总的传奇人生和不凡经历进行客观评价和高度概括，激昂而隽永，至今还令人一唱三叹，回味无穷。

□文·图/卢怡恬　陈娜

林语堂故居

　　林语堂（1895—1976），原名和乐，改名玉堂，后以笔名语堂为名。祖籍福建漳州市天宝镇五里沙村，清光绪二十一年（1895年）10月10日出生于福建平和县坂仔镇。1976年3月26日逝于香港，终年81岁，葬于台北阳明山家园，是中国现代著名文学家、语言学家、翻译家。

　　林语堂在小学四年级时，转入鼓浪屿教会办的小学、中学，1912年入上海圣约翰大学，毕业后任清华大学英文教师。1917年，在《新青年》以"语堂"笔名发表文章。

　　1919年赴哈佛大学留学，获文学硕士。旋赴德国莱比锡大学，获语言学博士。1923年，任北京大学教授、北京师范大学讲师。1926年，任北京女子师范大学教务长期间参加"语丝社"，抨击社会黑暗和北洋政府，遭通缉。同年5月，到厦门大学任文科主任兼国学院总秘书。

　　1927年3月赴武汉，出任国民政府外交部秘书。旋到中央研究院任外国语编辑主任，编著《开明英语》等。1932年，与宋庆龄、蔡元培、杨杏佛等发起成立"中国民权保障同盟"。1934年到1935年，创办并主编《人间世》、《宇宙风》半月刊。1936年移居美国后，出版《吾国与吾民》、《京华烟云》、《生活的艺术》（英文）等，影响甚大。

林语堂

林语堂一家在故居前合影

立人斋

1947年出任联合国教科文组织美术与文学组主任，出版《苏东坡传》。1950年重回美国，陆续出版《朱门》、《武则天传》等。1954年出任新加坡南洋大学校长。

1966年定居台湾，1967年任香港中文大学研究教授。1975年被国际笔会第40届大会（维也纳）选为副会长，推荐《京华烟云》为诺贝尔文学奖提名候选。出版《八十自述》。

廖家别墅是林语堂夫人廖翠凤的家，坐落今漳州路44号，是鼓浪屿最古老的别墅之一。他结婚和第一个女儿降生在这里，他就是从这里走出国门，赴美留学，走向世界的。廖家别墅留下了林语堂太多的美好记忆。

廖家别墅为二层U字形英式别墅，是银行家的宅第，约建于清代光绪年间，原来十分豪华，还附有读书楼"立人斋"。别墅前部为二厢一厅布局，拱券宽廊，廊下为两段式长石阶，直上中

厅。阶外是花园，有金鱼池、冲凉水井，有茂密的玉兰树、龙眼树，还有连接漳州路的黄土小巷，十分温馨而有气派。

别墅与"立人斋"原有一天桥相连，现在天桥和别墅前半部的二楼均已倒塌，走廊封堵成厨房，厅前的长石阶也凹陷下沉。中厅已破残不堪，酸枝家私早已不存，欧式吊灯不知去向，雕花屏门也东倒西歪，成了杂物间。别墅的后半部也颇杂乱，柳条天花零乱垂挂，木栏杆也已腐朽，完全没有了当年繁盛的景象。后花园荒草萋萋，已失去了花园的形象，临楼随观，颇感伤心！

廖家别墅的四邻都是赫赫有名人士的故居，右邻为"新中国最健康的人"马约翰教授的故居，左前为著名实业家、一度任厦门淘化公司董事长陈天恩的高级别墅，左边是菲律宾"木材大王"李清泉的"李家庄"别墅，后方就是林语堂就读的寻源中学（今厦门音乐学校）。

1919年林语堂在这里与廖翠凤结婚

在这里，林语堂还演绎了一段十分精彩的爱情故事。乃是林语堂在上海圣约翰大学时，偶而认识了一位长发飘逸的圣玛丽学院的美女陈锦端，有趣的是陈锦端也是鼓浪屿人，竟住在廖家别墅的西邻，两人一见倾心，坠入爱河。与锦端约会次数多了，引起了锦端父亲陈天恩的注意，陈天恩认为林语堂不符合他心中女婿的标准，陈林两家贫富悬殊，不相匹配。于是他一方面不让女儿与林语堂来往，一方面跑去廖家，为林语堂做起了媒，把林说给廖家千金翠凤。当她母亲向女儿转告陈天恩的说媒，说明林语堂家没有钱财，征求女儿的意见时，翠凤立即回答："没有钱有什么关系。"她早已倾心林语堂了，加上林、廖两家老爷都同意这门婚事，林语堂只能面对现实，无奈地与廖家千金翠凤订了婚。

1916年林语堂圣约翰大学毕业后，本该是要结婚的。可林的心中留有陈锦端的美好形象，不愿结婚，推诿说到清华教几年书后再说。1919年，林语堂得到清华赴美留学的名额后，回到鼓浪屿。此时，廖家老爷发话，要他立即结婚，并带翠凤一起赴美留学。于是林语堂于那年8月在协和礼拜堂举行了婚礼，在廖家别墅里设了新娘房，结了婚，三天后他挽着新婚夫人走下长长的石阶，乘邮轮到了美国波士顿哈佛大学比较文学系留学，从此走向了世界，成为"两脚踏中西文化，一心评宇宙文章"的文学大师。

1926年，林语堂到厦门大学任文科主任后，多次来过廖家别墅。1927年以后，再也没有回来过。

□文/龚洁　图/白桦

叶清和故居

叶清和（1898—1945），厦门人，1898年出生在厦门鼓浪屿，曾在英国教会办的英华书院就学4年，毕业后随父经营烟酒食杂商店，兼任家庭英语教师。1918年，利用常赴上海办货的机会，将鸦片装在饼干盒内，走私到鼓浪屿。尝到甜头后，从此开始了贩卖鸦片的生涯。后来又联合他人合伙贩运。几年后，他利用走私盈利及私占合伙人资金、利润等手段，积累了大量财富。于是被当地鸦片大贩子丘俊看中，被任命为裕记商行的押运员，经常往返上海、厦门押运毒品。不久被升为驻沪办经理。1924年，驻沪办因偷漏税，被上海公共租界工部局查获，叶清和被捕。关了大约一年左右，因告发同伙越狱立功，被提前释放。出狱后，利用小老婆李慧珍拉上了与上海大流氓头子杜月笙的

叶清和居住的西式楼房

侧门上的"清和别墅"四字

园林景观区的曲桥

关系，被安插在禁烟局缉私运输课任职。他利用夹带私货，敲诈走私者等办法，积累了万贯家财。

1925年，叶清和辞去禁烟局的职务，在上海法租界开设了"和源行"，公开的业务是代理德商的五金颜料，暗地里却以批发鸦片为主。同时，又在厦门开了一个分号"和益行"。为了扩大销售，叶清和又成立了"国民药房"、"和兴建筑公司"等，暗中做鸦片生意。1926年下半年，叶清和又在"国民药房"二楼开设了一家"源和行"，专门贩卖法国进口的海洛因。此外，叶清和在上海还从事房地产投机和金融机构投资，与人合伙开"隆顺洋行"和"华侨贸易公司"等。

1929—1930年，叶清和与四川军阀范绍曾合资，在重庆设立海洛因制造厂。因生产的海洛因质量不佳，销路不好而倒闭。后又在上海制造出高质量的海洛因，倾销到华北、东北各省。1933年，制毒厂被封，叶清和被抓，但他利用保外就医的机会逃回厦门。

在厦门，叶清和依旧做鸦片生意。他拉拢了驻福建的十九路军军官谭某，又与经营鸦片而臭名远扬的台湾浪人曾厚坤合作，开设"五丰公司"，专门从香港走私波斯鸦片入口。同时，在福州开设了分号。

1934年1月，十九路军失败。叶清和很快又与进剿十九路军的东路总司令蒋鼎文搭上了关系，并主动献上军费数万元，由此得到蒋鼎文的青睐。不久，国民政府实行"寓禁于征"政策，鸦片公卖，商人承包。蒋鼎文推荐叶清和承包了闽南"特货"的经销权。为此，1934年9月，叶清和在厦门组建了鹭通公司（半年后改为裕闽公司），承包闽南"特货"销售专权，并在闽南各县遍设代理处，把各县的包销权转卖给当地的军阀、土匪、地主等。

1936年6月，国民党军统特务敲诈叶清和未遂，将其秘密绑架。1937年，叶清和乘乱逃到了香港。抗日战争时期，叶清和勾结日本特务，先后开设了几家公司，帮助日本人贩毒，推行毒化中国的政策，并协助日本人

叶清和故居

掠夺军事物资，如广东陆丰、海丰等地的钨矿等。1944年，他被中国共产党领导的抗日武装东江纵队捕获，抗战前夕病死。

清和别墅位于厦门东浦路浦清里，由叶清和建成于1927年，并以他的名字命名。大凡一座大型园林建筑的兴建，首选必须有雄厚的经济实力。而1924年叶清和进入杜月笙的禁烟局任职后，开始积累了一笔可观的财富，为他兴建别墅提供了充足的物质基础。

清和别墅现存占地面积75000多平方米，是一座具有闽南风格的中国传统私家宅第园林建筑，它仿照了江南园林的手法，并融合了闽南以及西式的建筑内容。别墅从东到西大致划分为园林景观区域、长廊绿化区域、居住生活区域三部分。从北边现有的大门进来就是一条悠长笔直的大路，划分出园林景观区域和长廊绿化区域。路的右边是别墅的的园林景观区域，

园林景观区的景观

后墙上的中式装饰

李惠珍纪念亭

围墙

面积约5000平方米，有一条小河蜿蜒其中，被称之为"清河"。其实这只是一口池塘，没有与外界相通。河上建盖了几座小桥点缀其中，为景观增添了几分妩媚。在河面最宽处，有一座弯弯曲曲的白色水泥桥。桥的中间水面上有一座六角亭，六根柱的上端有六根龙柱，亭上覆琉璃亭盖。以太湖石堆砌的假山是这里数量最多、形态最丰富的景观，假山极富层次与变化，峰峦峭拔，崖谷幽深，山中有蹊径，最高处还有一座小亭。假山之间，古榕参天，阳光透过枝叶，在假山、水面、小桥、亭台上留下斑驳的影子，人行其中恍惚别有天地。

这里还有叶清和纪念其小妾李惠珍的纪念亭。在地上铺成弧形的水泥面上，以小石子拼成"叶李惠珍纪念亭"六字楷书，沿弧形展开。后面假山前则立着一座高约一米的花岗石神龛式纪念亭。在亭前的假山上，镶着

【191】

一块青斗石匾，上镌"深明大义"四个大的篆字，后有小字行书："惠珍女士热心公益，见义勇为，真女中之杰者。惜乎已没，因书四字记之。"落款"陈泽卿、陈以修谨题"。据传李惠珍是为救落水的仆人而死。旁边还有1935年叶清和题写的"忆芳"花岗岩匾，以纪念1929年去世的李惠珍。

大路左边的长廊有以水泥建成的"U"形葡萄景观架，"U"形的一边较短。长廊外观呈白色，总长度120米，宽3.2米，两侧有护栏。沿着长廊右边是一条花岗岩道路，而路的另一头是别墅的绿化区域，大多是低矮的树木和草地。中间有一口西式喷水池，现虽保存完整，但已弃用。

西边是生活区。长廊旁边就是一座二层的西式别墅，由叶清和及其夫人居住。楼的中间突出于两翼，原系抹灰外墙，现已被贴上长条形瓷砖。原来楼前的两只大理石西式卧狮，现已移往旁边的围墙外。房屋建造精细，内部共有99个门窗。台阶、楼梯以大理石铺成，其余地面为水磨石。房间内设有壁炉，屋顶天花板也都进行刻花装饰。

侧门的上方有"清和别墅"四个圆形的金属字。在楼房北侧围墙的八角门洞上，一只张开双翅的老鹰下方，刻着"1927"字样，据此推断别墅峻工于1927年。围墙上有两扇圆形花岗岩人物纹饰漏窗。

楼房整体虽以西式风格为主，但在楼后的一些装饰却是典型的中国传统建筑装饰。后墙上以水泥堆塑成两幅中堂画，一为松树、梅花鹿和白鹤，两边对联则以明清时代青花瓷片粘结拼成行书："忠孝传家园，诗书训子孙。"另一幅中间为书卷形，两边对联为镌刻在"古琴"上的隶书："弹琴对酒不知暮，岸帻题歌身自闲。"

楼边的红砖围墙月洞门，洞门下有两条龙形装饰。洞门上方有著名书法家虞愚所题写的行楷书"悬镜"二字。

楼后有一座用于观景的三层六角阁楼。一楼透空，仅有六根柱子，二、三层都是封闭式，留有窗户。楼的中间以旋转的铁梯向上攀登。

这座别墅的北边原有一座大宴会厅，今已被拆除改建成花岗岩二层楼房。再往北，则又是一个不大的点缀着假山、树木和一座小桥的景观区。

别墅范围内还散布着石桌椅、假山、石狮等原有的景物，显示着当年的繁华。整座别墅见证着这位中国鸦片大王的罪恶而富有传奇的一生。

别墅于新中国成立后被收归国有。

□文·图/谢明俊

林巧稚故居

林巧稚（1901—1983），1901年12月出生在厦门鼓浪屿一教师家庭，6岁接受启蒙教育，12岁就读于鼓浪屿"海滨女子师范学校"。1919年毕业后留校当了二年"小教员"，英国教师说她当大夫特别合适，她父亲希望她"不为良相，当为良医"。

1921年，北京协和医科大学到上海招生，林巧稚与一女友同赴应试。在考场，女友突然晕倒，她不顾未答完试卷，立即前去看护女友。这一举动打动了主考官，加上她英语娴熟而准确，被破格录取。经8年苦读，以十分优异的成绩获博士学位，同时获得协和大学一年仅一个名额的优秀毕业生最高荣誉奖"文海奖"，留在学校工作，就此开始了她一生为之奋斗的医学事业。

1932—1940年，先后被派往英国、奥地利、美国进修考察。回国后，历任协和、中和、北大、友谊、首都等医院妇产科医师、主任医师，中国医科大学副校长，中国医学科学院副院长、教授。她还是中国科学院学部委员（院士）、世界卫生组织医学研究顾问委员会顾问、中华医学会妇产科学会主任委员、第三至第五届全国人大常务委员、第四届全国妇联副主席。

她一生接生5万多个婴儿，被誉为"万婴之母"。她

林巧稚

用高超的医术，为婴儿产妇服务，并资助病贫的新生儿，因而不少产妇将自己的婴儿命名为"念林"、"纪林"等。

林巧稚主要著作有《妇科肿瘤病学》，主编《家庭教育百科全书》。

林大夫终身未嫁，于1983年4月22日在北京逝世，终年83岁。

小八卦楼坐落鼓浪屿晃岩路47号，正对日光岩风景区大门，是一幢英式二层别墅，约建于19世纪末。小八卦楼又叫八角楼，因二楼呈八边形而得名。林巧稚就出生在这里，一直住到1921年赴北京协和大学求学为止，前后约20年。

小八卦楼地处日光岩岩仔脚南麓的缓坡上，背靠厚实稳重；东西两面为茂密的林木，苍翠常绿；南面视野宽广，可以一眼望到九龙江出海口和南太武，前方的众多别墅均在脚下，有临空遥望之势。这里确实是一处风水宝地！

小八卦楼为砖木结构，附地下隔潮层，四面回廊，拱券大小相间，分外秀美。廊间花岗石压条下装琉璃花瓶，透出中国传统建筑的艺术手法。

1901年林巧稚出生于此

线脚重复堆叠，细密高低，均匀整齐，简朴大方，与拱券相互呼应，颇有西欧建筑的艺术美感。

别墅的二楼最有特色，屋顶为多折屋面，八边形八面开窗，正对日光岩开一巴洛克式尖叶拱券大门，有伊斯兰建筑的某些元素，增加了别墅的艺术美。林巧稚就出生在这里，她读小学和"上女学"时住在二楼，可远眺日光岩的秀美和九龙江出海口金带水海面的金光闪砾，织就了她金色的童年，铺平了她的少年、青年希望之梦。这样优越的自然环境，对她日后献身医学科学事业并取得伟大成就有熏陶的作用。

林巧稚在学习和假日里，常到龙头路她大哥的东方汽水厂别墅里练习钢琴，邀友漫步鼓浪屿海边，晴日坐在山间岩石上眺望大海，看远处的群山和大海里泊驻的大轮船，编织自己的梦想。凡此种种，造就了她宽阔的胸怀和宏大的志向！

1924年，她父亲林良英去世后，小八卦楼就卖给了别人。从此，她在协和的费用全部依靠她的大哥林振明

1920年林巧稚与同学在鼓浪屿合影

1985年建成的林巧稚纪念馆——毓园

供给，直至毕业。林巧稚牢记父兄的养育之恩，她把孝心移植到下一代。1929年她留在协和工作以后，就主动担负起大哥的4个子女在燕京大学的全部费用，直到中华人民共和国成立以后，表现了无私的责任心。

此外，她对后母生的弟妹也一样关爱，经常寄钱接济。新中国成立后，她对乡亲按月寄钱，还设立一本通讯录，自己太忙，就交代别人按通讯录寄钱，直至她去世。"毓园"建成后，他在国内的亲属，每年清明都会来祭扫。

后来，小八卦楼由鼓浪屿房管所管理，一楼住进了5户人家，人口增加后，隔潮层里也住了人。花园里随意搭盖厨厕，把花园弄得拥挤不堪，已不像一座别墅花园。二楼也改作托儿所，还曾做过餐饮大排档。2005年，为了保护历史风貌建筑，房管部门置换了别墅里的住户，拆除了全部临时性搭盖，还别墅以本来面貌。同时，将别墅作为"厦门文学馆"，既保护了这幢林大夫的出生地和住了20年的房子，又让厦门乃至全国的文学艺术界的朋友来此考察和创作，一举两得，不失为保护历史风貌建筑的有效方法。

1961年，林巧稚大夫曾回鼓浪屿小住半月，看望乡亲，这是她自1921年去协和大学以后四十年中唯一一次回到故乡鼓浪屿。这时鼓浪屿已发生了很大变化，她学生时代的住房、学校和复习功课、练习钢琴的地方已是别梦依稀。

为纪念林大夫的伟大业绩，在她出生地鼓浪屿南部临海不远处，修建了一座毓园。毓者，育人也。毓园展出林大夫的生平事迹和她使用过的医疗生活用具，以及她获得的各类证书等。园前立有她的汉白玉雕像，以志永久纪念。全国政协主席邓颖超曾到此瞻仰，并亲手种下两棵南洋杉，祝愿林大夫开创的新中国妇幼医学事业常青！

□文/龚洁　图/白桦

王亚南故居

王亚南（1901—1969），湖北黄冈县人，原名际主，号渔村，笔名王真。我国著名的马克思主义经济学家、教育家、厦门大学校长，毕生从事研究、介绍和宣传马克思主义经济理论。运用马克思主义观点、方法与体系，研究中国经济，形成中国经济研究的重要学派。

王亚南早年丧母，12岁丧父，在黄州读高等小学。1916年入武昌第一中学。毕业后，入中华大学教育系。1927年参加北伐军，任政治教员，次年到上海，开始与上海大夏大学哲学系毕业生郭大力共同翻译马克思的《资本论》。1929年在友人资助下东渡日本研究政治经济学，1931年回国，任暨南大学教授。同郭大力合译的李嘉图《经济学及赋税之原理》、亚当·斯密《国富论》两书出版，曾轰动一时。他个人著作《经济学史》、《世界政治经济概论》也相继问世。1933年"福建事变"后，出任十九路军成立的福建人民政府文教委员兼《人民日报》社长。事变失败后前往德国，1935年回国，和郭大力继续翻译《资本论》。1938年，《资本论》三卷中译本完成出版。这是《资本论》中文全译本第一次在中国出版。1940年后，历任中山大学经济系主任、福建研究院社会科学研究所所长、厦门大学法学院院长兼经济学

立于厦门大学经济学院大楼前的王亚南铜像

大南路8号大门

系主任。在任教的同时，创办并主编《经济科学》、《社会科学》杂志，著述《中国官僚政治研究》、《中国经济原论》、《中国经济论丛》等书。同时积极参加抗日救亡运动和全力支持学生爱国运动。新中国成立后，中央人民政府政务院任命他为厦门大学校长。

从1954年起，王亚南先后被选为第一、二、三届全国人民代表大会代表，中国科学院哲学社会科学学部委员、福建省政协副主席、福建省教育工会主席、福建省哲学社会科学联合会主席。1957年加入中国共产党，"文革"开始，惨遭打击迫害，于1969年月11月13日在

厦门大学大南路8号是1950年后王亚南居住的建筑

上海病逝。遗作有《资本论》等译著、著作41部，论文334篇。

进入厦门大学校门往左拐，就是大南路，它背靠厦门五老峰，是学校的职工宿舍区。大南路2号是一幢石木建筑的二层欧式别墅，原编号是大南新村14号。1946年，王亚南任厦门大学法学院院长兼经济学系主任，曾在别墅二楼居住。直到1949年赴香港达德学院任教授，才离开厦大。

别墅建于民国时期，坐东朝西，建筑面积356平方米，墙体以闽南特有的花岗岩砌成，整座建筑的外观以白色和花岗石的灰白颜色为主。二楼中部突出前方的方形观景廊从地面以两根白色的方柱支撑，一直到三楼，成为别墅引人注目的外观形式，增加了美感。

屋顶系平顶，以绿色的硫璃花瓶式护栏作为女墙。楼梯建在楼房的中部前方，沿着曲折的楼梯登上二楼，首先进入

厦门大学大南路2号是1949年前王亚南居住的建筑

餐厅，往左是厨房和卫生间，往右是客厅和卧室。共有三间卧室和一个客厅，但布局已有所改变。客厅位于西边，有门通向观景廊。从观景廊可以看到闽南古刹南普陀，听到寺庙传来的钟声。前方庭院约有200平方米，种满了绿色植物。围墙外隔一条林荫道路即是大学的外围墙。

该建筑原系华侨房屋，20世纪90年代厦门大学向华侨购得建筑物产权。2001年对建筑物进行维修、加固，并将原有的木质楼层更换为钢筋混凝土楼层，内部结构按办公需要进行重新布局，已一定程度改变了当初的平面结构。

沿着这幢小楼往后拐个弯不远是大南路8号，也是一幢民国时期华侨所建的欧式别墅。从1950年6月王亚南被政务院任命为厦门大学校长，直到1966年发生"文革"，与家人大多时间都住在这里。

这是一幢坐北朝南的钢筋混凝土欧式别墅，始建时二层，后加盖为三层。楼房宽约15米，深约23米。围墙的西式大门上方原有"卧云山庄"四字，但不知何时已被人用水泥遮糊起来。

庭院十分宽敞，原建有一座网球场，20世纪七八十年代因厦大建教工宿舍占用了庭院一定面积，网球场被废除。但现在的庭院仍十分宽敞，栽满了树木、花草，连楼房的墙上也爬满了爬藤植物，仅露出窗户部分。

楼房建有防潮层，从楼中间前方的楼梯上到一楼，而往二楼的楼梯则建在一楼的右侧。一、二楼的走廊呈"L"形，十分宽阔，前方走廊宽约4.6米，西侧走廊宽仅有2米多。二楼的东边住着王亚南一家，前面有两间卧室，后面另有一间。客厅面积较大。往三楼的楼梯位于二楼后方。三楼建筑内缩，宽阔的走廊呈"回"字形，环绕房屋四周。

"文革"期间，该楼成为"造反楼"，后又成为厦大职工宿舍。20世纪80年代后，厦门大学档案馆设于该楼，厦门大学校史研究所也设于此。

□文·图/谢明俊

白施恩父子故居

鼓浪屿复兴路西头毓园对面，有二幢欧式乡村别墅和一幢红砖别墅，这就是白登弼、白施恩父子的故居。

白登弼的父亲瑞安，祖籍安溪，在厦门以刷金银箔和刻字为业，在二十四崎顶开"瑞记书店"，兼营印字作坊，刊印《三字经》、《千字文》等启蒙读物。后迁到鼓浪屿鹿耳礁复兴路15号，改名"萃经堂"，主要为基督教会印刷闽南语罗马拼音字的圣经、圣诗以及《厦语注音字典》等。他也由信佛改信基督，并于1860年被选为"中华第一圣堂"新街礼拜堂的"执事"，1866年起连续三届被选为"长老"。1904年，白瑞安去世，终年73岁，留下五子四女的大家庭。

长子登弼接掌父业，经营萃经堂极为努力，全家都参加劳作。1907年从美国（一说英国）购进一台手摇活版印刷机，此乃福建活版印刷之始，比商务印书馆还要早。又聘来外国技师，将手摇机改成半机械化，业务发展迅速，并与郑柏年等6人集资创建"淘化罐头厂"。

1902年，白登弼在鼓浪屿升旗山麓建造一幢欧式别墅，小巧别致，称"南楼"。10年以后，又在南楼北侧建一幢相似的别墅，称"北楼"。两幢别墅建在绿树花丛里，颇有乡村别墅的韵味。均为拱券宽廊，拱券里还特设

白施恩

柳条窗以遮避炎阳。线脚整齐简洁流畅，四坡顶边加砌女儿墙，有中国传统建筑的美感。拱窗颇有特色，柳条隔扇中又有柳条小门，通透荫凉。廊间的天花也用柳条隔成，显得轻盈。这是当年的时尚，如今成了鼓浪屿别墅的一大特色。

白登弼还买地捐给教会建学校、公墓，1885年至1914年间，被选为新街礼拜堂的执事和长老。1914年，他由于劳累过度而早逝，年仅44岁。

白登弼留下6个子女均未成年，全部生活重担都压在其妻吴怜悯身上。她将萃经堂盘给伙计经营，伙计们随即迁往厦门大走马路。白家生计全靠那二幢别墅的房租。吴怜悯生于长泰——兼做草药医生的家庭，16岁只身到鼓浪屿外国传教士家打工，学会了闽南语罗马拼音字，成为虔诚的基督徒。至1930年，儿女们长大成家立业，她收回出租的二幢别墅，将南楼分给老大白格外，北楼分给老二白施恩和老三白格承。把萃经堂旧屋分给小女儿和懿。1946年，吴怜悯去世，享年67岁。

白施恩（1903—1983），白登弼的次子，是我国著名的微生物学家，他在寻源中学毕业后，留校教了一年书，即考入北京协和医学院。1929年毕业，获博士学位，留校当助教期间，发明了用鸡蛋代替小牛血制成"白喉杆菌培养基"，被国际医学界命名为"白氏培养基"。后被世界各国广泛采用，这比苏联科学界发明"蛋白质能变生命"还早20多年。此

建于1902年的南楼

建于1912年的北楼

后，他相继在上海海港检疫处、湖南湘雅医学院、成都和南京中央大学、武汉大学、广州岭南大学任教授、院长。抗战胜利后赴美国约翰霍布金斯大学进修，1953年调任中山医学院。在那50年里，为我国培养了大批医学专家，为中国微生物学的发展做出了杰出贡献。1983年去世，终年80岁。

如今白家三别墅，住着白氏后人。南北楼均有小花园，内遍植龙眼、罗汉松等乔木，树下的冬青、含笑、桂花、翠柏、枇杷、色叶等郁郁葱葱，把别墅点缀得十分有生气，格外赏心悦目。游客每过此地，都要留恋地张望。

南北楼里至今还装有100年前的柳条天花、柳条窗，壁炉也安在，特别可贵的是厅堂天花中央的莲花灯座里，有一个特殊的铁钩和一个白瓷附件，这铁钩不是用来挂电灯或电风扇的，而是用它挂煤油灯或蜡烛灯的，白瓷附件是调节烛灯高低的。这个铁钩和白瓷附件国内早已看不到了，国外也早已不用了，只有在欧洲古老的城堡里偶而可以看到，这在鼓浪屿也算是英国古董了！

□文/龚洁　图/张昭春

叶金泰故居

　　叶金泰（1904—1950），海澄县新垵村人。14岁被人拐骗到同安莲山卖给叶定国为子，人称"三少爷"。1922年3月，从父率地方武装500余人洗劫南安官桥东头社。1924年，在国民革命军张贞师当营长，次年辞职回乡，在莲山组织武装盘踞地方。与此同时，独资开设成泰盐店。1939年，因与长泰匪首叶文龙不睦，迁至城郊祥路顶居住。先后开设油坊、碾米厂、旅社、妓院、赌场及汽车公司，主修同安祥桥至莲山新店公路。1940—1949年，步入官场，先后任国民政府驻闽绥靖公署参议、同安军民合作指导处处长，同安县参议员、联防处主任及闽台赣"反共救国军"司令。1950年5月26日在同安被公审处决。

　　叶金泰的故居在莲花镇窑市村瓦窑自然村。瓦窑自然村在莲花双溪汇合处，村庄原有一处瓦窑，村庄因此得名。叶金泰的故居在

建于1932年的梳妆楼

建于1936年的叶金泰旧居　　前清秀才王道尧为　　叶金泰故居墙身的拼砖装饰
　　　　　　　　　　　　　　叶金泰旧居的题刻

村东边，房屋坐东南向西北，1936年春始建，二进砖木石结构，硬山布瓦顶四燕尾脊（民间称十一架出步大六路），占地总面积440平方米。前后二进房、廊、天井连接，前落面阔5间20米，进深7.1米，大门上行书"澄波居室"。后落面阔5间20米，进深3间10.8米，全屋雕梁画栋，木刻、石刻制作精美，有很高的工艺水平，大门两侧的翼墙有同安最后去世的前清秀才王道尧的石刻题字。

　　叶金泰故居的左后侧10米处还建有一座二层楼，楼名为"青峰拱秀"，房子建于壬申年（1932年），比故居早建五年，当地称该楼为梳妆楼，据传为叶金泰爱妾所住。楼面阔3间12米，进深10.1米，前后有走廊，前廊长1.95米，后廊长1.95米。房楼金字布瓦顶，西洋风格中夹杂着浓浓的中国传统的建筑风格。

　　房子建成后的第三个年头（1939年），也就是其父叶定国去世不久，叶金泰因与其父部属叶文龙不合，叶文龙率部夜袭叶金泰住家，因叶金泰不在原居住房夜宿躲过一劫，免于一死。后叶金泰迁至同安城郊祥路顶居住，房屋空置。新中国成立后房屋收归国有，曾做过解放军营房、政府办公用房、同安八中教师宿舍，房屋在自然力和人为的破坏下，毁坏极多，大部分木雕、石雕、剪粉瓷贴已被盗走或毁坏，残存部分不足三成。尽管如此，房屋的豪华气派还隐约可见。

□文／洪文章　图／陈娜

周寿恺、黄萱故居

周寿恺

　　鼓浪屿升旗山的东北端，古榕树荫密匝，树荫下有五幢完全相同的别墅，今列旗山路1、3号和漳州路2、6、10号。这是"印尼糖王"爱国华侨黄奕住建成"中德记"花园别墅以后，将剩下的材料，按一张图纸建成的五幢别墅，交给四个儿子和女儿黄萱居住。

　　这五幢别墅为西欧风格，均为两层，不设地下隔潮层，不加外廊，为"三塌寿"形体。大门装压花彩色玻璃，正面凹进几级台阶，步入屋内中间步道，平面呈十字划分，一楼前段为客厅书房，后段为餐厅和橱厕楼梯。二楼则为卧室和起居间。布局紧凑，合理实用，把面积都巧妙的利用起来，没有累赘部分，十分适宜小家庭的家居。其中10号别墅紧依鹭江，漫步小花园里，可以居高观赏鹭江潮涨潮落，远眺九龙江水浩浩东去！

　　别墅立面不尚奢华，不施雕饰，仅以白灰粉刷，简朴而平实。窗均装百页，以滤阳光和调节空气。坡屋顶铺红色改良瓦，地板、楼梯为进口橡木，质地坚硬。室内的英式壁炉，炉口为青铜雕花护门，使用时可以拉出放平，不用时能收起推进，烟道口加装雕花栏栅，炉膛两侧贴五彩瓷砖，显得华贵。壁炉宛如一件艺术品，成为小别墅里最有贵族气度的装饰！

周寿恺（1906—1970），1906年生于厦门，同文书院的高才生，未毕业就被选送福州协和大学。1926年转学北京燕京大学医学预科，1928年毕业后又入北京协和医学院攻读，1933年获博士学位。曾留学美国。1935年与黄萱结婚。1937年，抗战爆发，他毅然离开协和，满腔热情投身抗日救亡运动。黄萱为支持丈夫抗日，随往贵州图云关，过着艰苦颠沛的生活。周寿恺先后担任中国红十字会救护总队内科指导员，战时卫生人员训练所内科主任。抗战胜利后，周寿恺出任上海国防医学院内科主任、教授、教育长，少将军衔。1949

抗战胜利后周寿恺任上海国防医学院内科主任、教育长、教授，少将军医

建于20世纪20年代的周寿恺故居

周寿恺故居正面

年，解放大军席卷大江南北，剑指南京、上海，周随国防医学院撤往台湾，后他借口处理搬迁的善后事宜，返回大陆。医学院多次派人找他回去，一次，派来的人身带他全家赴台的机票，可他决意不去，要与全家一起迎接祖国的解放，还劝说来人也不要回去，结果送票的也留了下来，表现了一个爱国专家、教授的崇高风范。新中国成立后，历任广州岭南医学院内科教授、副院长、院长兼博济医院院长。1953年，中山大学医学院、岭南大学医学院和光华医学院合并，改名华南医学院，周任内科教授兼校务委员会副主任。改名中山医学院后，又出任副院长兼第二附属医院院长、系统内科教研室主任。被选为第一、二届广东省人大代表，第二届广东省政协常委，第三届全国人大代表。周寿恺是我国内分泌学的高级专家，他开拓钙磷代谢及内分泌临床试

验研究、糖尿病糖代谢、植物神经功能状态对糖代谢和影响、席汉氏病动物模型的制备研究、胰岛素放射免疫分析研究等，他以"有形的思维"教育著称。他的爱好特别广泛，还对立体电影、血白细胞计算器和汉字简化等进行研究，著有《骨软化症的钙代谢》、《阿狄森氏病血清电解质和矿物质的改变》等，还自费出版汉字简化的《轮廓字》一书。1970年在"文革"中被迫害致死，终年64岁。

黄萱（1910—2001），又名黄宝萱，是鼓浪屿的才女，是黄奕住与夫人王时的女儿，1910年1月6日出生于福建南安金淘，排序第四，聪颖秀慧。鼓浪屿海滨女子师范学校毕业后，黄奕住没让她进高等学府深造，而是延请名儒到家里专门为她讲授中国经史古文和诗词，同时教以英文和钢琴，从而夯实了深厚的国学功底，又懂西洋文化艺术。

抗战胜利后，1946年全家回到漳州路10号别墅。20世纪50年代初，周寿恺出任岭南大学医学院院长时，全家搬去广州。黄萱受聘为中山大学陈寅恪教授的助理达13年，她帮助失明的陈教授完成《再生缘》、《柳如是别传》、《元白诗笺征稿》三部100万字的巨著。后来10号别墅被"房改"，住进了客户，恰逢大炼钢铁、"破四旧"运动，华丽的壁炉被拆除。20世纪70年代末，落实政策，别墅还给了黄家。

1980年，经过重大变故的黄萱，回到阔别30年的10号别墅，杜门谢客，过起了恬淡的生活。她在一楼客厅置一架钢琴，琴上端放着黄奕住、王时的照片，每日弹琴以释放心情。二楼卧室里端端正正放着她在广州常读的《十三经注疏》、《明经世文编》、《四部备要》、《佩文韵府》、《二十四史》、《全唐诗》、《明鉴》、《留都见闻录》、《清代闺阁诗人微略》、《浪迹丛谈》、《增补氏族笺释》、《陈香阁遗录》、《南吴旧语录》、《六臣诗文选》等几百部线装书，按经、史、子、集四部类有序排放，随手可取。一般人已读不懂甚至连看都没看过的这些古籍，任意抽出一册，赫然可看到黄萱点句留下的笔迹，不得不折服这位大家闺秀的国学水平。

这位鼓浪屿才女晚年在这里住了20年，于2001年5月8日在广州辞世，走完了她90多岁的坎坷人生，也使鼓浪屿失去一位学识高深的优秀女儿。

如今，10号别墅由她们的女儿居住，一切按原样保留作为纪念。希望人们不要去打扰她们的平静，能自然随性地生活下去。

□文／龚洁　图／周菡　张昭春　陈娜

彭德清故居

彭德清

　　彭德清（1910—1999），曾用名彭楷珍、陈国华，今翔安区新店镇彭厝村人。幼年失怙，家境贫困，12岁入学，16岁辍学。少年时在家乡参加抗捐抗税、反对土豪的斗争。1926年参加农民协会和农民赤卫队，翌年加入中国共产主义青年团，1930年转入中国共产党。土地革命战争时期，任中共同安县委书记、厦门临时特支书记等职。1933年被捕入狱，越狱后继任闽南红军安（溪）南（安）永（春）德（化）游击队的政治委员。抗日战争时期，先后担任闽南抗日义勇军独立大队长、新四军教导总队二大队教导员、一师三旅七团团长兼政治委员、苏浙军区第三纵队副司令兼参谋长。解放战争时期，任苏中军区一师三旅旅长、华东野战军四纵十三师师长、渡江先遣纵队第四支队支队长，第三野战军第二十二军、二十三军副军长，参加过枣庄、孟良崮、淮海等著名战役。

　　新中国成立后，彭德清任华东野战军二十七军军长。1950年11月率部参加抗美援朝战斗，荣获朝鲜民主主义人民共和国二级国旗勋章。1954年调任华东海军副司令员、东海舰队副司令员兼福建基地司令员、政治委员。1955年被授予海军少将军衔。1965年调任国家交通部副部长，1981年任交通部长。1983年，担任中共中央顾

问委员会委员。先后主编《中国航海史》、《中国船谱》、《中国海魂》等书。

　　彭德清故居在翔安区新店镇彭厝村南部，环村路北约30米，清末民初始建。坐东北朝西南，前、后两进，中有天井及两侧小护厝（榉头），面阔12米，总进深18米。前落面阔三间，凹寿门廊及中厅，两侧厢房，门上悬"彭德清故居"匾。以石板（砖仔石）构筑墙裙，红砖斗子墙堵，硬山顶燕尾脊。后落面宽三间12米，进深三间8.5米，中为厅堂，两侧厢房，也是硬山布瓦顶。由于经久失修，屋顶破漏，前落东侧厢房屋顶也已坍塌。

　　彭厝村中原澎德清开展地下工作的考山学校，已被列为同安县文物保护单位，2001年维修后辟为彭德清纪念堂。

　　□文／颜立水

20世纪50年代彭德清与母亲在故居前合影

洪载德故居

洪载德

　　洪载德（1911—1974），福建南安人。1911年6月8日，洪载德出生于南安县石井镇古山村一个农民家庭，青少年时期先后在南安、泉州读书。由于他天资聪颖，勤奋好学，在姑父、姑母的赞助下，14岁时，转入鼓浪屿英华书院读书，后再到上海圣约翰大学学习制革技术。1934年，洪载德到印尼万隆，初在一家汽车配件商店当职员。1936年，与人合资开办"环球汽车配件商店"。次年，又创办了万隆第一家皮革工厂。1937年七七事变爆发后，洪载德与黄周规等人创办"万隆业余生活会"、"万隆慈善会"等组织，宣传抗日救国，并响应华侨领袖陈嘉庚的号召，举办义演、义卖等活动，筹款支援祖国抗战。1942年，日军占领印尼，洪载德因组织抗日活动而遭到日军的逮捕，被囚禁于"乐贫监狱"，家产全被没收。抗战胜利后，洪载德重整旧业，并与王纪元、黄周规等人创办了当时印尼最具影响力的华文刊物《生活报》和《生活周报》，同时为传承中华文化，还先后与他人创办了万隆华侨中学、南化学校和中华戏剧社等。

　　1949年10月中华人民共和国成立，洪载德第一个致电祝贺新中国成立。1950年万隆中华总会改选，洪载德以高票当选主席。从1950年至1966年，洪载德连续担任了16年的主席一职。在此期间，他为中国与印尼建交、中国驻印尼大使馆的筹建，以及中国领导人访问印尼等做了大量的工作，中国驻印尼大使黄镇曾赞扬印尼华侨说"印尼华侨是最爱国的"，洪载德也因而获得"印尼陈嘉庚"的美称。1955年4月，举世瞩目的亚非会议在印尼万隆召开，亚洲、非洲29个国家的首脑齐聚万隆，这是历史上第一次没有殖民主义国家参加的国际会议，中国派遣以周恩来总理为团长的代表团出席会议。会议前夕，国民党特务曾企图进行破坏，策划了一起暗杀活动，用安放定时炸弹的方式，炸毁了周恩来总理原计划乘坐的"克什米尔公主"号飞机，造成机上16人遇难。在此严峻的安全局势下，中国驻印尼大使馆委托印尼侨团做好接待祖国代表团和越南代表团的工作。为此，印尼各地侨领在雅加

洪载德旧居

洪载德旧居入口

1955年万隆会议期间周恩来总理亲切会见洪载德

达成立了华侨支援委员会，并分别设立雅加达和万隆分会，洪载德担任了万隆分会的主要领导，承担了代表团的住宿、膳食和安全保卫工作。在周恩来总理抵达万隆机场时，洪载德亲率保卫组协助印尼军警维持秩序，情况复杂时，就以自己的身体组成人墙保卫周总理的安全。从4月17日至24日，在印尼侨胞的精心安排下，中国代表团顺利完成了既定任务，由周恩来总理提出的"和平共处五项原则"成为万隆会议的主要精神。为周总理亚非会议成功护航，成为洪载德一生最杰出的工作和贡献。

洪载德历任万隆中华总会委员、万隆侨团联合会主席、万隆中华侨团总会主席等职。先后组织侨胞捐建了两所印尼完全小学，资助孤儿院、疗养院等建设。同时，也为厦门华侨幼儿园、华侨中学、集美中

学、华侨博物院和华侨大学的创办捐资出力。1965年印尼发生"九卅"事件，洪载德领导的华侨社团及学校被印尼当局视为"亲中国"，并被怀疑参与政变而遭逮捕。狱中洪载德受到百般折磨，但他始终坚贞不屈，被关押50多天后，最终以无罪释放。1966年印尼发生排华运动，洪载德回到祖国定居。

洪载德旧居坐落于华侨新村的东北角，北临斗西路，东临中山公园，现编门牌号为公园西路57号。这是一幢朴素而大方的别墅式建筑，建于1958年，总占地面积600多平方米。建筑坐北朝南，共三层，建筑面积600平方米。建筑建于60厘米高的台基上，平面基本呈正方形，南面中部及东北面各外突形成半圆形。基础和墙裙为花岗岩条石砌成，墙身为红色清水砖砌筑，开窗处以横砌花岗岩条石做装饰。梁柱及楼面为现浇钢筋混凝土。屋顶为四坡顶，上铺灰色机平瓦。大门设于东侧，门前设4级台阶。内部结构以内廊为中心，一楼设8间房，二楼、三楼南面层层内退，形成露天阳台，故二楼设房设7间房，三楼设房设5间房，主要房间均自带独立阳台。室内地面铺设彩色花砖，品种多达六七种。旧居设有宽敞的庭院，庭院内种植了洪载德从印尼带回的多种热带果树，如油梨、莲雾、人心果、咖啡、蕃石榴及木瓜等植物。入口设于庭院的东侧。1953年5月，洪载德将母亲、妻子和五个子女送回厦门定居，再度返印，继续开展侨务工作。1958年该楼建成后，洪载德的家眷由租住处迁入此居。1966年，洪载德回国后除在北京工作时间外，均居住于此。1974年12月24日，洪载德因心脏病突发，在家中逝世，享年64岁。

洪载德育有二子四女，妻子郭美兰亦为印尼华侨，抗战时期郭美兰与他人创办了万隆华侨妇女会。1953年回国后，郭美兰曾当选为厦门市政协常委和福建省政协委员等。

□文·图/陈娜　洪醒华

孙炳炎故居

孙炳炎

孙炳炎（1912—2002），厦门集美人。1912年2月23日，孙炳炎出生在同安县仁德里孙厝村（现属集美区）的一个小商贩家庭，父亲孙清廉在村中经营小杂货店。童年时，曾在陈嘉庚创办的乐安小学读书。1925年，因生活难以维续，父亲携长子孙河洲到新加坡谋生。次年，炳炎兄妹4人在母亲的带领下亦到星洲与父亲团聚。1927年，15岁的炳炎进入一间杂货店当学徒，以后又先后辗转到小酒铺和汽车零件店当店员。在此期间，炳炎边工作边利用业余时间读书学习，并尝试撰写杂文及小品文，有的还在报刊上发表。1932年，炳炎用自己打工积攒的2000元与兄长合资开办了"森林公司"，从事木材经营。几年后，森林公司由孙炳炎独自经营，两位兄长别创森业公司和森安公司。在炳炎的苦心经营下，森林公司获得长足发展，1942年2月新加坡被日寇占领，孙炳炎因参加抗日宣传而遭日军追捕，避难于杨厝港。抗战胜利后，孙炳炎重操旧业，并将经营领域扩展到钢铁、水泥、大五金等建材行业。1960年以后，又继续将业务扩展到建筑、金融、电子等其他行业。至1986年，森林集团的附属公司共19家，集团总资产达4.6亿元（新加坡元）。

孙炳炎是一位杰出的华人企业家，同时也是一位著

名的社会活动家和华侨领袖。从1938年开始，孙炳炎即追随陈嘉庚参加抗日救国活动，任南侨筹赈总会芽笼分会主席。抗战胜利后，积极筹资支持陈嘉庚在故乡创办乐安学校、同民医院和华侨博物院。1953年，发动坊商公会会员为陈六使创办南洋大学捐资出力。1965年孙炳炎当选为新加坡总商会会长后，积极推动中华总商会注册成立新加坡总商会基金，更加系统化、具体化地推行社会福利事业，每年拨出巨款作为奖励金，奖励各大专院校的优秀学生，同时也捐款给国家社会发展部，用于推广华语运动和慈善事业的发展。1964年，孙炳炎荣获新加坡总统颁发的BBM公共服务星章。

孙厝孙炳炎故居入口处

　　与千千万万海外赤子一样，孙炳炎一生关心祖国的发展。新中国成立后，孙炳炎即开始经销中国土特产，率先与祖国建立商贸往来。1956年随新加坡访华团访问北京。1980年率团访华，成为中国改革开放后第一批外商。1982年投资厦门经济特区。1994年倡议成立"世界同安联谊大会"，至

孙厝孙炳炎故居

孙炳炎故居侧立面

集美孙厝乐安中学校园内的孙炳炎塑像

1969年孙炳炎担任中华总商会会长任满时，商会50位董事联名赠匾

今已举办了五届。1999年，捐资200万元在厦门设立"孙炳炎教育基金"。孙炳炎一生爱国爱乡，团结侨胞，服务社会的义举，享誉东南亚。2002年4月30日，孙炳炎在新加坡病逝，享年90岁。孙炳炎育有六子三女。

孙炳炎故居位于集美孙厝村，现编乐安北里211号。这是一座闽南乡村普通小户人家的"一落两榉头"三合院住宅，砖木结构，总占地面积约120平方米。建筑坐东朝西，榉头山墙处建一道面向村中道路的"墙街"，"墙街"中部开设"墙街门"，以区分内外，并围合为天井。主体建筑"顶落"面宽三间计10米，进深两间计6米，明间为大厅，次间各设前后两房。为扩大居住面积，前后房内均加建阁楼。顶落前有宽1.2米的前廊，前廊两端各设一外开边门。两榉头面宽一间计4.5米，进深一间计3米，分别位于主体建筑前方左右两侧。建筑墙体墙裙下为花岗岩条石砌筑，墙裙上为砖砌抹灰。屋顶为马鞍脊硬山顶，上铺红色板瓦，屋脊上无装饰。室内及前廊地面铺设红色斗底砖，室外地面为硬土面（现已用水泥沙浆抹面）。该建筑为孙炳炎祖辈所建，炳炎一家所拥有的房产是南侧两房及榉头。1926年孙炳炎全家离开孙厝村后，该建筑一直由族亲居住。1956年10月和1957年5月，孙炳炎两次回到故乡。20世纪五六十年代祖国经济困难时期，他多次寄大米、白糖等食品和布匹回乡，救济乡亲。同时，在家乡扩建小学、兴办幼儿园，修路建厕，改善环境。20世纪80年代以后，孙炳炎也常回孙厝村，并捐资创办了乐安中学。

□文/陈娜　孙家庆　图/陈娜　孙吉龙

黄望青故居

黄望青（1913—2003），厦门人。1913年3月3日出生在鼓浪屿"莲石山房"，他父亲希望他能成为国家栋梁，为他取名"国魂"。少长，他感到过于夸张，以厦语谐音"谷云"代之。中年后，又觉"黄"有枯黄之意，欲"望"其"青"，才正式改名"望青"。笔名有耶鲁、郭安、李秋、阁薰等。

黄望青

黄家原为鼓浪屿望族，后来家道中落。他5岁那年，其父离妻别子到印尼谋生，家计全靠祖母和母亲操持。他中学时代就参加学生运动，考入厦门大学法学院攻读政治经济学，又因家庭经济困难，只好半工半读，到思明戏院翻译西片，以接济家费和支付学费。大学时，积极参加抗日救亡活动，加入"反帝大同盟"，参与发起创办《展望》和《鹭华》月刊。

厦大毕业后，他告别年迈的祖母和新婚的妻子，于1935年6月只身赴缅甸推销肥皂，目睹英国的殖民统治，发表《英帝国铁蹄下的缅甸》，招致殖民统治者的愤怒，欲加害于他，只好转到新加坡邵氏影业公司工作，继续投入抗日救亡活动，担任"马来亚抗日后援会"常委，并加入马来亚共产党。1941年5月，由于叛徒告密，遭英国殖民当局逮捕，判苦役一年，刑满驱逐出境。刑期未满而太平洋战争爆发，他被释放后转入地下，继续从事抗日活动。1942年4月，又被内奸出卖，遭日宪兵逮捕，被判刑10年。

抗战胜利，黄望青出狱后，先到一水厂工作，后到集华船务公司，他在那里10年，学会了国际贸易和远洋航运业务。又因他兼任英文秘书，与渣打银行建立了良好关系，日后成为渣打的高级顾问达15年。他利用船务公司的业务观察世界许多港口的情况，为自己的发展打下了基础。

1957年，黄望青创建"集诚有限公司"，经营船务和土特产进口业务。信誉良好，发展很快。1965年被选为"星洲船务公会主席"。由于他具有渊博的经济学知识和熟练的航运业务能力，在新加坡的航运、金融保险、工业、房地产、进出口贸易等领域均拥有实体或股份，成为知名的实业家。

1959年，新加坡实行自治，他积极投

1978年12月新加坡总统向黄望青颁发"勋绩奖章"

身新加坡的经济发展，并取得良好业绩，又担任新加坡经济发展局轻工业咨询委员会主席、中华总商会董事等。出版发行《工商日报》《他山之石》，还常到大学、财经机构演讲世界经济，为新加坡制定对外贸易政策，出巨资赞助文化、艺术、教育事业，声望很高。

1973年至1980年，新加坡政府委派他担任驻日本全权大使兼驻韩国大使。他积极开展工作，促成田中首相访问新加坡，对两国的经济、投资、旅游的发展做出很大贡献。为此，他得到总统特颁的"高级勋绩奖章"。1981年，应李光耀之邀出任新加坡广播局主席。

1985年，72岁的黄望青退休后，七次回祖国访问，足迹遍布大江南北，在北京、重庆、武汉、上海、厦门等地讲学，介绍世界的特别是日本、新加坡经济发展的经验与教训，受聘厦门大学、福州大学、西南师大、河北财经学院等院校的客座教授，成为从鼓浪屿走出去的有杰出成就的经济学家。2003年6月，在香港逝世，终年91岁。

他的故居"莲石山房"，坐落鼓浪屿日光岩下乌埭路36号，始建于清代中期，已逾200年了，是鼓浪屿最老的红砖古厝之一。古厝原为一进二榉的三合院，全部为金马鞍脊，板瓦顶，十分平常。已十分老旧，可说是老态龙钟了！

莲石山房三合院正厅前面原是石库门兜，

黄望青故居——莲石山房

门兜顶库上嵌"莲石山房"石匾，苍劲古朴，透出些许书香气息。门兜外是砖堤和小花园，花园左角为一四方水井，供全家人使用。

不知什么时候，在右榉前增建了一座坐东朝西的红砖小屋，似乎是为解决居住的需要。并将砖埕和小花园以及水井都圈了起来，筑以围墙，将莲石山房石库门兜移到围墙中央，形成独立和完整的居住环境。所以今天看到的莲石山房已不是当年的原貌，门兜不在主厝中厅的正对面，而是包括红砖小屋在内的出入门户。而原来门兜位置上留下的短墙，仍立在那里，显得不甚协调。

今天三合院依旧，砖埕依旧，小花园改成水泥埕，左角的水井面貌如古，只不过装上了现代抽水设备，抽水浇花和卫生用水了，当年的洗衣石盆弃之角落，早已不用了。那留下的短墙和砖埕为我们展示当年的原貌。可惜的是，院落的空间里满是高低参差的搭盖，搞得杂乱无章，见之叹息！

1984年10月，黄望青应邀回国参加国庆35周年，这是他自1935年6月离开鼓浪屿后的整整半个世纪。国庆活动结束后，他偕夫人回到久别的厦门，未等行李到达酒店，就急匆匆奔到乌埭路故居，看到这50年不见的出生地，情感难平。他写的《回到娘家鼓浪屿》一文，深情地说："赶到我在那儿出生的黄家故居莲石山房，庭前那坐石和池塘还在，但你显得苍老破旧了！当时的青春少女，如今竟成老太婆了！"感慨万千！莲石山房现由其堂弟管理。

莲石山房虽然简朴，但环境颇佳，砖埕前原有一泓水池，1984年黄望青回鼓时还看到这口小池，不知什么时候填平了。居住于此，出门抬眼就能看到日光岩。山房四周是曲折的小巷，多幢欧式小楼分居两边，现已老旧，墙上的泥粉剥落，雕塑里长满了野花杂草，这恰恰透出当年小巷的繁华和中西建筑的融合的风貌。如今穿行于这静谧清爽的小巷里，还能深深地呼吸到鼓浪屿特有的小巷文化！

□文／龚洁　图／陈娜

林俊卿故居

中国"咽声"练声法创始人林俊卿的故居，在今鼓浪屿漳州路48号。

林俊卿（1914—2000），厦门人。先世居漳浦乡下，后其祖父辗转到厦门鼓浪屿，成了一名基督教传道士。其父林谨生靠自己的努力，完成上海圣约翰大学的医科学业，后来在厦门行医，在开元路自设诊所。其后林谨生与鼓浪屿廖家结亲，他的太太廖翠畴与林语堂夫人廖翠凤系堂姐妹。1904年农历三月三十日，林俊卿即诞生于廖家这座悬挂着"立人斋"匾额的洋楼里，并在这里度过他的童年。林俊卿在读完大同小学、同文中学后，考取南京金陵大学理学系。1935年毕业后，又继续考取附属于美国纽约州立大学的北京协和医学院，1940年获博士学位。旋因母亲生病，林俊卿遂放弃留校任教的机会回到鼓浪屿。翌年开始在上海行医。

林俊卿

林俊卿从医的同时，又是一位优秀的男中音歌唱家。20世纪40年代，他先后师从过侨居上海的威尔逊夫人、梅百器和莫那耶等外国音乐名家，并向他们学习正宗的意大利"美声唱法"和"咽音练声法"。那时候的林俊卿，已被公认为高明的医学家和具有音乐艺术天赋的歌唱家。

　　新中国成立后，林俊卿于1953年随中国艺术代表团出访东欧，在德国、罗马尼亚等国家的艺术舞台上为祖国赢得声誉。他对"咽音"唱法的学习与实践，使他成为世界上罕见能成功演唱男高音C3以上的声乐家。1958年，在周恩来总理的关怀下，成立了新中国第一个声乐研究机构——上海声乐研究所，林俊卿任所长，一级教授。自此以后，林俊卿在科研方面不断取得丰硕的成果，先后为80多位歌唱家和名演员进行治疗和训练，同时在探索西洋美声学派为歌唱艺术的民族化等方面也做出贡献，整理出版了《歌唱发音的机能状态》等一大批科研成果。20世纪80年代，在中共中央总书记胡耀邦的关心过问下，林俊卿恢复了待遇与名誉，并受聘为1985年成立的北京声乐研究所的所长。年逾古稀的林俊卿老当益壮，努力为祖国的文化事业贡献自己的力量。与此同时，林俊卿的学术成就得到国

林俊卿故居

际学术界的重视和认同。"中国林大夫的练声法"，已为海内外音乐艺术界所推举，被公认为中国咽音练声法科学体系的创始者。

林俊卿在鼓浪屿的故居建于19世纪末叶，建筑面积340平方米，与毗邻的漳州路44号楼房同为廖家产业。该建筑为欧式砖木结构，灰墙立面，共两层，下面还有隔潮层。平面布局为对称的一厅四大房，由于开间大且层高恰当，显得宽畅舒服。其正立面为拱券宽廊，百叶门窗，前有石砌踏步通向一楼。一楼宽廊压条下使用红陶质瓶件，二楼却使用琉璃镂空花格装饰，这种手法在当时的闽南地区风靡一时。建筑物的檐线甚为简明，方柱的柱头做线条堆叠，且承接拱券支撑，这种是鼓浪屿早期欧式建筑的通常做法，显得朴素大方，典雅美观。

林俊卿制作的鼓浪屿漳州路48号故居模型

而今，林俊卿的故居虽已苍然老态，却更别具一种古色古香的沧桑内涵。院落里有数棵枝叶茂密的老木兰树、老龙眼树和七里香树丛，这几棵老树也许可以见证林语堂、林俊卿这些人物岁月磨不去的足迹。树摇风生，令人无限感慨。

□文/何丙仲　图/陈娜

鲁藜故居

1984年夏天鲁藜回到故乡

　　鲁藜（1914—1999），姓许，名图地，1914年十一月十四日出生于福建省同安县巷东许厝村。3岁时随父亲到越南，1932年春天回国，就读陈嘉庚创办的、陶行知"生活教育"派张宗麟为校长的集美乡村师范实验学校。他接受革命影响，参加"反帝大同盟"，组织农民武装力量。在厦门时他用笔名"流痕"。由于反动派的迫害，1934年夏转移到上海，改用笔名"鲁加"，后用"怒隶"、"鲁莽"等，最后以现在的笔名"鲁藜"成名。他1935年参加陶行知创办的"山海工学团"，同年秋加入"左联"，1936年参加中国共产党。1938年夏天，他由武汉去延安，进抗大学习，后转战于敌后抗战根据地。据周而复《我的入党介绍人鲁藜》说："1939年初秋，我和鲁藜连同其他单位干部一行二十多人，由三五九旅派部队护送过同浦路封锁线到达晋察冀民主抗日根据地。"民族战争的烽火点燃他创作灵感，他写出大量诗歌，第一组重分量的组诗《延河散歌》就发表在胡风主编的《七月》（1939年12月）上。从此一发而不可收，他成了20世纪40年代"七月诗派"后期的重要诗人之一。有名的诗歌团体"泥土社"，即取名于他的名作《泥土》。这时期他先后出版了抒情诗集《醒来的时候》

和叙事诗集《锻炼》。

新中国成立后，鲁藜随解放军进入天津，任天津市文协主任。他满怀激情，放声歌唱，出版了诗集《英雄的母亲》、《星之歌》、《时间之歌》、《毛泽东颂》和《红旗手》以及散文、小说集《枪》、《李村沟的故事》等。1955年，由于"胡风反革命集团"事件，鲁藜被开除中共党籍且被关押。其间，其妻王曼恬与他离婚。从此，他沉默了，"消失"了。26年后冤案得以昭雪，鲁藜"死后逢生"，1981年这一年，他已经67岁了。平反后，他被选为天津市文联、作协副主席，市侨联名誉顾问，中国作协名誉顾问兼《诗刊》编委。鲁藜生前出版10部诗集，另有大量散文、小说、评论等。死后出版了3部诗集与诗文集（四卷）。

都说浪漫是诗人影子，鲁藜还真有浪漫的故事。"诗人鲁藜真挚忘年恋"被广为宣传，感动了千千万万人。早过花甲之年的老诗人，得到了

鲁藜故居

小他24岁的刘颖西。刘颖西在12岁时就认识了鲁藜，是因为帮父亲给天津市文联换电灯开关而认识鲁藜的，鲁藜借安徒生童话的书给她，她成了诗人的"崇拜者"。因为她收集过鲁藜的照片，鲁藜被审查时她也连带被审查。放出来后，她天天到文联打听鲁藜的下落，有人告诉她："别再问，鲁藜回不来了！"20多年后，告诉她"鲁藜复出"消息的是她的丈夫。望着报纸上鲁藜的名字，刘颖西泪眼模糊，她费尽周折找到了他，回来流着泪说："他只有一只碗、一双筷子、一张小行军床……"她有爱她的丈夫，有可爱的女儿，但年轻时的朦胧爱恋刻骨铭心。风雨同舟的丈夫理解她，忍痛割爱，和她离婚。刘颖西就这样与老诗人结为伴侣，成为鲁藜灿烂晚霞里最美丽的云朵，或者说，刘颖西让老诗人的晚霞更为绚丽。老诗人，第三次迎来他一生中第三次创作的高潮。

他发表了大量作品，出版了《天青集》、《鲁藜诗选》等诗集。1994年，天津市为老诗人举办80寿辰祝寿会，林默涵称他为"我国当代卓有成效的著名作家"。1999年1月13日，鲁藜因病逝世于天津。2004年，作家出版社出版《鲁藜诗文集》四卷本，周而复、张学新分别作序。中国作家协会创研部、作家出版社、中华文学基金会、天津市作家协会等在北京联合举办出版座谈会。

鲁藜在其故居生活只有短短五年，即出生到3岁的儿时，18岁到20岁的青年时，但他深深眷恋着自己的故居。1984年夏天，鲁藜携夫人刘颖西到厦门大学参加学术讨论会。会后，他们特地回许厝住了半个月。在厦门，他满怀深情创作了《鹭之歌》、《老榕树》、《刘维灿赞》和《木棉花》等一批新作。这次回乡，成了诗人永别故乡之行，鲁藜没有再踏上故乡的土地，但故乡人不会忘记他对故土的赤子之情。他发表于《厦门文艺》1984年3—4月号的《鹭之歌》这样唱道："我回来了，故乡　我是一只白鹭/我最爱绿的江岸/最爱白的沙洲/最爱我那喜鹊山里/大榕树下　小小溪流　我是一只白鹭/不是倦鸟/我没有垂下双翼/虽然我飞越过千山万水，我是一只白鹭/不是彩凤/我没有五颜六色/虽然我闯进万筒的人生/啊，故乡/今天，我终于回来了/还得感谢时代的狂风暴雨/冲洗过我每片毛羽/让我没有玷污你——我的故乡/没有给你带回一滴尘垢　我是一只白鹭/我走时一身轻盈/我回来一身清白/不因为没有金翎玉翅而惭愧/却因为保持了本色而自豪　亲爱的故乡/我永远怀念的勤劳的故乡/我回来了/我仍然是一只白鹭/用我那飘逸的长袖/给你带回清风/也用我一颗赤心/噙着一棵绿枝——/几瓣我的生命绣织的诗叶。"（1984年5月10日于鹭岛）他一往

情深地写到故居旁的老榕树："它巍然如故/不，比过去更苍劲，更宽厚/更深刻，更繁郁/岁月被淹没在它的浓绿里/痛苦被融化在它那高大的气魄里……无论多么柔媚的异国风光，奇花异木/也不如故乡的榕树那么浑厚而庄严。"（《老榕树》）

鲁藜故居位于翔安内厝镇许厝村东部，始建于清末。故居旁是许家祖厝（前落一间房分属鲁藜父母所有），坐西朝东，面阔三间8.8米，进深14.4米，燕尾脊，石砌半墙，红砖瓦房。故居在祖厝北侧，坐北朝南，面阔7.2米，进深10米，马鞍脊，石砌半墙，半墙上是粉墙，门框和窗框红砖所砌，门两旁各一木窗。前落一厅一房，过小天井，有一座小护厝。前房与护厝之间的小天井开一侧门，前房侧墙和护厝侧墙各对外开一小窗。1984年夏鲁藜回许厝时就在这侧门前留影，侧门旁一座石臼保存至今。故居于2005年进行了修缮。离故居不远处，有多棵百年古榕树，其中一棵古榕主干被台风硬硬撕裂，一半摧折，另一半挺着不倒的身躯，把不屈的意志写在蓝天。

2006年夏天，鲁藜夫人刘颖西再次来到许厝村，住在鲁藜侄儿许木瓜家里。她有一个美好的愿望，晚年回到丈夫故乡，静心整理鲁藜的遗作。

据2006年3月1日《今晚报》报道："前年出版四卷本《鲁藜诗文集》之后，诗人的故乡福建厦门市特别重视。去年已由厦门翔安区（原同安区）申报市政府，决定把诗人的出生地许厝打造成'厦门文化第一村'，已经开始实施其规划。"目前，在许厝村头立着鲁藜的半身石雕像，雕像石座正面镌刻着鲁藜生平，两边侧面分别镌刻他的代表作《泥土》、《希望》。在村委会办公楼二楼，辟有鲁藜纪念室。村里已筹资219万元，拟建一所"鲁藜小学"。将来，建一所"鲁藜中学"。

□文·图/陈志铭

卢嘉锡与宁远楼

卢嘉锡

　　卢嘉锡（1915—2002），台湾人，出生于厦门，是享誉中外的著名科学家，原中国科学院院长。少年时在厦门读小学和中学。13岁进入厦门大学预科班，15岁就读厦门大学化学系。毕业后留校任助教，同时兼任厦门省立中学（今厦门五中）数学教师。1937年8月，22岁的卢嘉锡考取第五届中英庚款公费留学赴英国伦敦学习。两年后获得博士学位并赴美国加州理工学院，跟随曾两次获得诺贝尔奖的鲍林教授从事化学研究，任客座研究员。1944年获美国国防委员会颁发的科学研究与发展成就奖。1945年12月回国，受聘母校厦门大学化学系任教授、系主任，并受聘浙江大学讲授物理、化学课程。

　　卢嘉锡是我国结构化学学科的开拓者和奠基人。1950年，卢嘉锡在国内高校中首先创办了以结构化学为主的化学研究所并任所长，同时在国内首次招收以结构化学为主的物理化学研究生，成为在我国开展研究生教育的先行者之一。他以非凡的教学才能和出色的组织能力为厦门大学和福州大学的建设和发展做出了卓越的贡献。他在化学教育上的贡献直接影响了整整一代人，堪称桃李满天下的一代宗师。1955年，卢嘉锡被选为我国首批中国科学院学部委员。中科院福建物质结构研究所在他多年不

鼓浪屿泉州路70号故居外景

懈的努力和精心培育下，在结构化学和晶体材料科研领域不断取得新的成果，使我国在过渡金属原子簇化合物研究方面跻身于世界先进水平的行列。1979年，他带领中国化学会参加国际纯粹与应用化学联合大会，由于他卓有成效的工作，大会正式宣布中国化学会为中国化学界在该联合会的正式代表，实现了我国各专业学会恢复在国际组织中席位的突破。1982年至1986年，卢嘉锡任中国化学会理事长。1999年10月，获何梁何利科学成就奖。

新中国成立后，卢嘉锡历任厦门大学化学系主任、理学院院长、副校长，厦门市政协副主席、省人大委员会委员、中国科学院学部委员（院士）。1953年加入中国农工民主党，并曾任副主席、主席。1956年6月加入中国共产党。1960年至1981年，任福州大学教授、副校长、中国科学院福建分院副院长、中国科学院华东（后改称福建）物质结构研究所研究员、所长，省政协副主席、省人大常委会副主任。1981年至1987年，任中国科学院院长。1985年，当选为第三世界科学院院士和理事会理事，1988年当选为副院长。

卢嘉锡的故居位于鼓浪屿泉州路70号。它的斜对面就是著名的金瓜楼，建筑物的美丽外观吸引着路过的游客驻足参观。但却鲜有人知，门楼上方镌刻着"宁远楼"的这幢三层红砖楼房，它的三楼曾经住着中国著名的科学家卢嘉锡。

"宁远楼"建于清末民初，当时的门牌编号是泉州路99号，房主是菲律宾华侨蔡文恩。房主自住一楼，二、三楼出租。20世纪20年代，卢氏三兄弟和父、母亲住进了该楼三层。在此之前，他们居住在今厦门中华街区的石壁街，建筑物现已不存。

因放弃了在台湾的家业内渡大陆，为维持生计，卢嘉锡父亲卢东启先生又操起了老本行，在宁远楼附近租房办私塾，起名为"留种园"。"留种园"因卢老先生渊博的学问而成为当时有名的私塾学校，并一直到抗战后期才被迫停办。卢嘉锡三

三楼右边是卢嘉锡居住的房间

兄弟都曾在"留种园"受过启蒙教育。

卢嘉锡赴英国留学期间，他的家人仍在此居住，但在抗战最后两年避难漳州平和县。1945年11月抗战胜利后，卢嘉锡回国任职厦门大学，一家人仍居住在宁远楼。直到1946年底、1947年初才搬到太古码头的厦大宿舍一同文路17号，该建筑在前几年的旧城改造中已被拆除。

宁远楼的围墙紧邻道路，门楼呈欧式造型风格，上方有欧式建筑常见的卷草纹。门楣上是蓝色的"宁远楼"三字阴刻繁体隶书。楼房的地基比围墙和地面高出几个台阶，因此，进入大门必须登上几级台阶。台阶右边是一个面积不大的庭院。

宁远楼坐西北朝东南，是一座红色三层欧式楼房，清水红砖砌成外墙，建筑平面成"凹"字形，正立面中间凹进，两侧凸出。一楼中间是楼房入口，二、三楼中间是以水泥瓶件做护栏的阳台。楼凸出的两侧各有一扇窗户。一楼窗户系两扇的半月拱石框窗户。二、三楼窗户则为四扇的水泥框窗户，窗框上镌刻花纹，上有窗楣。窗扇均为百叶窗。楼的屋顶有女墙。楼房历经百年，已略显老旧。除了楼顶增加的简易搭盖物外，基本保存着原先的外观样式。房屋现仍由房主一家居住。

楼梯位于楼房的后面，沿着两侧钢护栏的水泥楼梯可以登上卢嘉锡和他的家人所住的三楼。站在三楼的走廊上，可看见鼓浪屿著名的基督教堂"三一堂"，长年都能聆听教堂悠扬的钟声。从东南方的阳台往外看，眼前是泉州路的一座颇具规模的红砖古民居。它的右边是金瓜楼，再往右看，日光岩在蓝天和绿树的衬托下，展现出优美的身姿。

三楼为六房两厅，平面呈长方形，宽约12米，深约13米。楼梯上走廊的两边是厨房和卫生间。进入房屋前面是一间不大的餐厅，再往里就是客厅，客厅之后是阳台。客厅两侧是卧室，一边三间，每间面积约15平方米。当初卢嘉锡及其夫人、孩子就住在右侧靠外面的那间卧室。虽然我们现在已无法看到当时房间的摆设，但是可以想象除了一张大床外，一定还有装满书籍的书橱和一张宽大的书桌。房间既是他的卧室，也是他的书房。

宁远楼是卢嘉锡目前在厦门保存的唯一故居。虽然房屋的所有权不属卢嘉锡，但他在宁远楼居住了十几年，从童年到中年，在这里成长、读书、恋爱、结婚、生子，直至走向世界成为著名的科学家。可以说，宁远楼是卢嘉锡人生和事业的起点。

□文·图/谢明俊

【后　记】

　　《厦门名人故居》，顾名思义，入选者必须是厦门有影响的名人，而且是盖棺定论者，同时其故居、旧居必须今有遗存，可供人缅怀、凭吊。如民族英雄郑成功，以厦门为反清复台的基地，郑氏政权在厦门十多年，其影响不可谓不大，然而郑成功在厦门的旧居迄今无从考证，只能割爱。

　　本书体例，每篇内容大致分两部分：名人姓名（字、号、笔名、化名）、籍贯（祖籍或出生地）、生平事迹（生卒年月、简历、主要职务、主要贡献等）；故居介绍，包括具体地址和位置，何时始建，何时修缮，原来风貌，现今状态，名人与故居有关的活动。每篇字数限定2000字以内，一般在1200字以上，配以3~4张照片。

　　本书编写者，主要是陈志铭、陈娜、谢明俊、龚洁、颜立水、洪文章等。全书署名的撰写者不上十人，但是他们的背后，是各区政协、文体局和热心者的鼎力支持。特别要提出的是，一些名人的后代和家属提供的帮助，是一般人所无法替代的。如杜四端的孙子、香港中文大学荣誉讲座教授、美国密西根大学教育教授及研究科学家杜祖贻，从美国邮寄不少珍贵的照片和资料来，还亲自到厦门面谈。又如林祖密的后人、中华口述历史研究会副会长林为民等，也提供了宝贵的线索和照片。

　　本书收录的名人故居，撰稿者都亲临其地，有一些还多次去调查、采访和摄影，其中艰辛不言而喻。但由于时间过于匆促，疏漏之处在所难免。这一切只能留待书再版时补充与修正了。

　　最后，我们还要对丛书的主编、资深的厦门文史专家洪卜仁先生，对热情参与本书许多具体工作的市文化局文物处同志表示真诚的谢意。

编者

2007年2月28日